보험 속의 경제학

보험, 경제를 살리다

보험 속의 경제학

초판 1쇄 인쇄일 2022년 07월 01일
초판 1쇄 발행일 2022년 07월 11일

지은이 이순재
펴낸이 양옥매
디자인 표지혜
교　정 조준경

펴낸곳 도서출판 책과나무
출판등록 제2012-000376
주소 서울특별시 마포구 방울내로 79 이노빌딩 302호
대표전화 02.372.1537　**팩스** 02.372.1538
이메일 booknamu2007@naver.com
홈페이지 www.booknamu.com
ISBN 979-11-6752-171-2 (03320)

* 이 도서는 2019년 한국보험학회 저술사업의 지원을 받았음.

보험, 경제를 살리다

보험 속의 경제학

이순재 · 지음

책과나무

보험은 경제성장의 동반자인가?

"보험이란 무엇인가? 보험은 우리 사회에 어떤 역할을 해 왔나? 우리나라에는 보험이 언제 시작되었고 어떤 기여를 하였나?"

필자가 보험에 관심을 갖고 이 분야를 공부하면서 갖게 된 질문들이다. 특히 보험에 대한 부정적인 인식이 존재하는 우리 사회에서 보험에 대한 인식을 올바르게 할 필요가 있다는 생각을 늘 하면서 이에 대한 답변을 구상해 보게 되었다. 그 결과 한 국가에서 국민들이 관심을 갖고 있는 가장 중요한 삶의 기준이 경제생활에 있다고 볼 때, 보험이 국가의 경제에 어떠한 기여와 역할을 했는지를 살펴본다면, 이에 대한 답을 어느 정도는 구할 수 있으리라 생각했다. 이 책은 그렇게 시작되었다.

우리나라는 2020년 말 GDP(국내총생산) 기준 세계 10위의 경제 대국 반열에 올라선 반면, 보험시장 규모의 경우 오래전부터 10위 권 내에 있으니 보험대국이라 할 수 있다. 2019년 국민 1인당 보험료 지출은 371만 원이며, 개인의 소득 대비 보험료 지출은 세계 5위 권으로 매우 높은 편이다. 이러한 외형적인 지표에도 불구하고 보험에 대해서는 부정적인 인식이 지배적인 것은 왜일까?

잘 생각해 보면 우리 국민들이 각종 사고(화재, 도난, 사망, 상해, 질병 등)로 인하여 보험으로 혜택을 받을 때에는 고마워하며 보험에 가입하길 잘했다고 생각하지만, 사고가 나지 않아 가입 기간 중에 보험금 혜택을 받지 못하면 괜히 가입했다거나 불필요한 지출을 했다고 생각하기 때문이다. 말하자면 보험에 대한 올바른 인식이 소비자들에게 자리 잡지 못했기 때문이다.

이에 따라 보험이 우리 사회에 시작된 이래 어떤 역할을 해 왔는지, 특히 경제 성장과 발전에 미친 영향을 살펴봄으로써 국민들의 보험에 대한 인식을 국가경제적 관점에서 재조망해 보고자 하였다. 한편 우리나라가 독립된 국가로서 보험사업을 시작한 해방 이후 70여 년의 짧은 기간 동안 보험대국의 반열에 오르기까지 각 시대별로 정부와 산업의 역할이 어떠했으며, 과연 그러한 역할이 당시 또는 현재의 관점에 볼 때 적절했는지 살펴볼 필요가 있다고 생각하였다. 그리하여 시대별로 정부의 보험 정책에 대한 공과(功過)와 보험업계의 경영전략을 들여다보며, 보험소비자 보호에 미친 영향 등을 평가해 보았다.

나아가서는 보험이 국가경제와 결합하여 지속가능발전하기 위하여 보험시장의 이해관계자들은 어떻게 준비해 나아가야 할지를 독자들과 나눠 보고자 한다. 그러므로 이 책의 독자층은 보험을 배우는 대학(원) 학생들과 보험업에 종사하는 보험인들을 주 대상으로 하며, 의식 있는 보험소비자들도 독자의 범주에 넣고자 한다.

제1부는 우리나라에 보험제도가 언제 시작되었는지 그 기원을 살펴보고, 근·현대에 들어서 보험이 형성되는 과정과 성장하는 과정, 그리고 보험시장이 개방되어 혼란을 겪던 시기, 구조조정 등을 거치며 제도적으로 선진화로 접어드는 기간, 나아가서는 글로벌 금융위기 이후 제4차 산업혁명 등으로 이어지는 과정을 통하여 본 우리나라 보험의 역사적 흐름을 조명해 본다. 또한 각 시기별로 정부의 보험 정책과 보험업계 경영전략의 공과를 산업경쟁력과 소비자 보호 관점을 중심으로 평가해 본다.

제2부는 우리나라의 경제발전에 보험이 어떠한 역할을 하였는지를 금융의 역할과 비교하며, 개인과 기업 그리고 국가경제의 관점에서 살펴본다. 그리고 그 역할로 인한 경제성장에 미치는 영향을 탐색하며, 보험과 경제성장과의 인과관계를 기존의 연구들을 통해 밝혀 보고자 한다. 경제개발에 있어서 생명보험과 손해보험의 역할의 차이와 국가별 발전 단계에 따른 중요성의 차이를 규명하며, 민영보험과 사회보험의 주요 종류별로 우리나라 경제발전과 사회복지 증진 등에 기여한 바를 논의한다.

제3부는 국가경제의 지속가능발전은 모든 산업의 지속가능발전과 맞물려 있다는 전제하에 보험산업이 가야 할 길은 무엇인지, 어

보험 속의 경제학

떠한 활동을 해야 지속가능발전을 달성할 수 있을지에 대한 각 이해관계자들의 역할을 제시한다. 즉, 보험산업과 정부, 그리고 학계의 역할이 제4차 산업혁명 시대에 디지털 혁신을 통한 지속가능성장과 보험의 역할 재정립을 위하여 요구되고 있다.

이 책에 등장하는 보험 역사의 산 증인들과 지난 30년 동안 학문적·실무적 교류를 나누며 이끌어 주신 국내외 선후배 보험인들 모두에게 감사를 표하며, 출판을 도와주신 책과나무 양옥매 대표께 감사드린다. 끝으로 이 저술 작업의 시작부터 마칠 때까지 수시로 조언과 격려를 준 아내와 가족에게 고마움과 사랑을 표한다.

2022년 7월

이순재

C O N T E N T S

1부

한국의
보험 역사와
발전 과정

보험의 기원은 수천 년 전으로 거슬러 올라간다. 기원전 4천 년 바빌론은 세계 상업의 중심지였다. 바빌론을 거점으로 세계를 돌아다니며 무역을 하는 상인들은 육상·해상 여행 도중 강도나 해적 또는 자연재해와 같은 불가항력적인 사고가 발생했을 때, 자신들의 재산과 권리를 보호할 수 있는 제도가 필요하였고, 이러한 필요에 의하여 보험대차[1]의 초기 형태가 고안되었다.

그리스 시대에는 팽창하는 해상무역과 함께 항해 중에 발생하는 선박과 화물의 손실을 항해의 이해관계자가 공동으로 책임지는 공동해손제도가 발달하기도 했다. 중세 시대에는 해상보험이 더욱 발전하였으며, 생명보험·화재보험의 초기 형태가 나타났다. 근대 보험업은 로이즈 오브 런던(Lloyd's of London)의 탄생과 함께 런던과 미국의 주요 도시들에 대화재 발생 등으로 크게 영향을 받았다.

현대에는 해상무역뿐 아니라 리스크가 있는 모든 분야에 보험이 가능해졌다. 해상보험, 생명보험, 화재보험 뿐 아니라 상해보험, 자동차보험, 항공보험 등이 출현했으며, 사회보장에 대한 관심으로 건강보험, 연금보험 등의 다양한 보험 제도가 출현하여 현재에 이르고 있다.

---

1 모험대차(冒險貸借)란 상인이 항해에 앞서 배나 화물을 담보로 금융가로부터 일정 기간 돈을 빌린 뒤, 무사히 항해를 마치면 원금과 이자를 붙여 상환하고 사고가 나면 채무를 면제받는 거래를 말한다.

근대 보험의 탄생, 로이드(Lloyd)의 커피하우스

● 출처: 보험과 트렌드-윌리엄 해롤드가 묘사한 1798년 로이즈 커피하우스의 풍경
   (사진 출처: Wikimedia)

1장

보험의
기원

기원전 100년경 ~ 서기 300년경	계(契) 제도의 등장 삼한 시대부터 신라 시대, 고려 시대, 조선 시대로 발전
963년(고려 광종)	각종 보(寶) 제도 중에 상부상조의 성격을 가진 보가 보험과 유사 정부는 백성의 각출로 기금을 적립하고 홍수·가뭄 시에 급부 지급
18세기 중반(조선 영조)	각종 계(契) 가운데 하나가 보험과 유사 보(寶) 제도와 차이점은 정부가 아닌 계 가입자들이 직접 관리
1897년 6월(대한제국 광무 원년)	대조선(大朝鮮)보험회사 '소'보험 증권 발행

우리나라에서 원시적인 형태의 보험과 유사한 제도로서 처음 등장한 것은 '계(契)' 제도라고 할 수 있는데, 계는 공통된 이해를 가진

사람들의 지연적 · 혈연적인 상호협동조직이었다. 계의 기원은 삼한 시대[2]까지 거슬러 올라가는데, 상호부조라는 주된 목적하에 신라 시대 · 고려 시대 · 조선 시대에 걸쳐 발전되어 여러 가지 형태로 운영되었다.

최초로 보험과 유사한 제도가 마련된 시기는 10세기로, 고려 광종 963년에 설치된 각종 '보(寶)'[3] 제도이다. 이러한 각종 보 제도 가운데 상호부조의 성격을 띤 보가 있었다. 기록에 의하면 정부는 백성으로부터 일정한 갹출을 받아 기금을 적립하였고, 홍수 · 한해(旱害: 가뭄) 같은 천재지변이 있을 때 정부에서 각종 급부를 지급하였다고 한다.

조선 시대에는 21대 왕 영조(1724~1776년 재위) 때에 사회에서 널리 이용되었던 각종 계(契) 가운데 하나가 오늘날의 보험 제도와 유사하였다. 즉, 일정한 인원수가 모여서 정기적으로 일정한 갹출을

---

2 기원전 100년경부터 서기 300년경까지 약 400년간의 기간

3 고려 시대 사원에서 전곡(錢穀)을 빌려주고 이자를 취득하기 위해 설치한 재단(財團)을 보(寶)라고 불렀다. 복전사상(福田思想)에 의해 사원에 시납된 전곡을 기본재산으로 하면서 이를 대부해 얻어지는 이자로 각종 불교행사의 비용, 빈민 구제, 질병 구제 등 사회사업에도 이용하였다. 보는 대부분 불교적인 목적에서 세워졌지만 점차 일반에까지 확산되기도 하였다. 고려 시대의 법정 이자율은 980년(경종 5)에 연리(年利) 33%이지만, 불법적으로 고율의 이자를 취하는 고리대가 성행해 많은 사회문제를 야기하였다. 보의 경우에도 고리대로 전환되어 성종 때 최승로(崔承老)의 「시무 28조」에는 불보(佛寶)의 장리(長利)를 비난하는 내용이 있었다. 고려 일대에 존속했던 보는 조선 중기 이후 발생하는 계의 선행형태가 되었다. [출처: 한국민족문화대백과사전 '보(寶)']

하였다가 계 가입자가 사망하든지 불구가 되어 경제적 곤란을 당한 경우 일정 금액의 급부를 지급하였던 것이다. 보 제도와 계 제도의 주요한 차이점은 제도의 관리 면에서 찾을 수 있는데, 전자의 경우에는 정부가 이를 관리하였고, 후자의 경우는 계 가입자들이 직접 관리하였다.[4]

우리나라 최초의 보험은 '소'보험

보험이라는 새로운 제도가 이 땅에 등장한 것은 1897년 무렵이라고 보고되어 있다. 이 최초의 보험에서 대상은 사람이 아니라 '소'였다. 이는 소가 농가의 중요한 자산이자 생산수단이었기에 중요 자산인 소를 대상으로 보험을 들게 한 것은 농가의 안정적 농업 경영을 유지시키기 위한 국가적 노력으로 볼 수 있다. 소를 대상으로 한 보험을 우척보험(牛隻保險)이라 하는데, 최초의 우척보험 영업을 개시한 회사는 1897년에 설립된 '대조선보험회사(大朝鮮保險會社)'이다.

우척보험회사의 구체적인 영업 내용은 다음과 같다. 본사에서 전국 각 부(府)에 경파원(京派員)을 파견하여 각 군(郡)에 거주하는 사람 중에 지파원(支派員)을 선정하면 군파원(郡派員)이 된다. 군파원은

---

4 생명보험협회(2010), 방갑수·구하서·박은회(1965) 참조

보험 속의 경제학

소를 보유한 농가에 대해 보험에 가입하게 한 뒤, 소 한 마리당 엽전 1냥을 보험료로 징수하도록 하였다. 각 농가에서 보험에 가입한 대상 소가 병사할 경우 보험회사는 새로 소를 구입하여 해당 농가에 지급해야 했다.

현재까지 드러난 최초의 '소'보험의 발행 일자는 대한제국 광무(光武) 원년(1897년) 6월이다. 이 보험증권은 현재 신세계박물관이 소장하고 있다(뒤의 그림 참조). 이 보험증권은 대조선보험회사가 함경도에서 발행한 것으로 '대조선 농상공부'가 관허(官許), 즉 관청에서 공식 인가한 것으로 되어 있다.[5]

이 보험증권에는 소의 털 색깔과 뿔 여부가 표시됐으며, 크기에 따라 대우(大牛: 큰 소)는 100냥, 중우(中牛: 중간 소)는 70냥, 소우(小牛: 작은 소)는 40냥의 보험금이 책정되고, 보험료는 일괄로 한 마리에 엽전 1냥이 표시됐다. 이에 의하면 소는 크기에 상관없이 마리당 1냥을 보험료로 냈으며, 이 소가 죽으면 크기에 따라 40~100냥의 보험금을 타기로 돼 있었던 것이다.

이와 같은 내용은 당시 이 '소'보험 실시에 따른 각종 폐해를 질타한 독립신문 보도 내용과 합치된다. 이완용의 형이자 당시 농상공

---

5 연합뉴스(2009.1.6.)

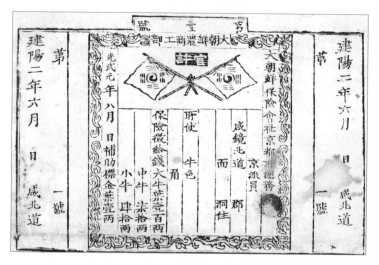

● 출처: 국립민속박물관

대신인 이윤용이 도입한 이 소보험 제도에 대한 원성이 자자했던 까
닭은 보험에 가입하지 않은 소는 아예 시장에서 매매를 할 수 없도
록 제도화했기 때문이었다. 결국 이렇게 도입된 소보험 제도는 시
행 100여 일 만에 폐지되고 말았다.

이에 대조선보험회사의 실패를 보완하여 1900년에 다시 설립된
것이 민병한(閔丙漢)이 사장을 지낸 무본보험회사(務本保險會社)였다.

무본보험회사는 궁내부의 인가를 받아 설립되었고, 궁내부[6]에 매년 5,000원(元)을 상납해야 했다. 사원은 100명으로 고금(股金: 출자금)은 400원이었고, 보험표(보험증서)는 총 90만 장이 인쇄되었다.[7]

---

6 조선 시대 말기인 1894년 제1차 갑오개혁 때 신설되어 왕실 업무를 총괄한 관청
7 한국민족문화대백과사전 참조

2장

보험의 태동기

(1876년~1950년대 일제강점기 및 해방 이후)

1876년 2월(고종 13년)	일본과 강화도조약 체결로 주요 항구 개항
1880년 1월	일본 동경해상보험 부산에 대리점 최초 설치
1884년	영국 홍콩화재보험(Hong Kong Fire Insurance) 인천에 대리점 개설
1904년	미국 에퀴터블생명(Equitable Life) 부산에 대리점 개설
1921년	캐나다 매뉴팩츄어러스생명(Manufacturers Life) 경성에 대리점 개설 조선생명보험주식회사 설립, 국내 최초의 생명보험사(대주주는 한국인)
1922년	조선화재해상보험주식회사 설립, 최초의 손해보험사(대주주가 일본계)
1946년	대한생명, 신동아화재, 대한화재, 서울화재 창립
1947년	협동생명, 고려생명, 국제손보, 한국화재 설립
1948년	고려화재, 대동화재 설립

1950년 ~ 1958년	흥국생명, 안보화재, 해동화재, 제일생명, 안국화재, 동방생명, 태양생명 설립
1955년	대한수산중앙회 어선공제사업 실시
1958년	한국해운조합 선박공제, 여객상해공제 실시

우리나라에 오늘날과 같은 형태의 보험이 등장한 것은 조선 왕조가 대외적으로 문호를 개방하여 선진 각국의 기업들이 국내에 진출할 때부터이다. 통상 활동이 증가함에 따라 보험의 수요도 점증하였으나 국내에 보험산업이 존재하지 않았기 때문에 외국 보험회사의 대리점이 설립되어 보험 거래가 이루어지기 시작했다. 1876년(고종 13년) 2월 강화도에서 군사력을 동원한 일본의 강압에 의하여 불평등하게 강화도조약이 체결되면서 부산과 원산 등 항구를 개항하게 되었고, 이후 일본을 견제하려는 청나라의 주선으로 미국과도 통상조약을 체결하였다.

그리고 영국을 비롯한 유럽 각국과 우호 통상조약을 맺어 조선은 문호를 개방하였는데, 이에 따라 서구(西歐) 문화가 우리나라에 유입되면서 보험도 자연스럽게 국내에 도입된 것이다. 강화도조약 이후 일본 및 서구 각국은 국내 산업의 여러 분야에 경쟁적으로 진출하였으며 이러한 국내의 진출을 지원하기 위하여 일본 및 서구 각국은 자국 보험회사의 대리점을 국내의 주요 개항(開港) 항구에 개설하였다. 즉, 국내 진출에 따른 자국의 시설과 주재원, 외교관 등 자국 국민에게 보험 보장을 제공하기 위하여 경쟁적으로 국내에 대리점, 출장소, 지점 등 다양한 형태로 진출한 것이다.

일본의 동경해상보험이 1880년 1월 부산에 대리점을 최초로 개설하였고[8], 이후 1884년에 영국계의 홍콩화재보험주식회사(Hong Kong Fire Insurance Co.)가 인천에 대리점을 개설하였다. 개항 이후 진출한 외국보험회사의 사업 종목은 화재보험·해상보험 등 주로 손해보험이 중심이었으나, 일본의 제국생명보험회사가 1891년 부산에 대리점을 설치하면서부터 생명보험의 진출이 시작되었다. 이후 일본 및 서구의 보험회사들, 특히 일본의 많은 보험회사들이 자국의 각종 규제를 피하고 새로운 시장을 개척하기 위한 목적으로 우리나라에 진출하였으며, 1910년 한일합방을 거치면서 1945년 광복 시까지 이러한 흐름은 계속되었다.

이러한 도입기에는 일본 및 구미 국가들이 국내 보험시장을 주도하였는데, 특히 일본이 보험시장을 독점하다시피 하였다. 국내에 개설된 외국 보험회사의 진출 상황을 각종 문헌에 근거하여 정리하면 옆의 표와 같다. 초기에는 영국의 보험회사 대리점이 일본 보험회사의 대리점과 주축을 이루었으나, 후에 일본 보험회사들이 국내 시장을 장악하게 되었다. 1880년 일본의 동경해상보험이 최초로 대

---

8 일본의 제일은행은 1878년 6월 부산에 최초로 지점을 개설하였다.

보험 도입형성기의 외국사 국내 진출 현황

일자	국가	회사명	형태	위치
1880.1	일본	동경해상	대리점	부산
1884	영국	Hong Kong Fire Insurance	대리점	인천
1891.1	일본	제국생명	대리점	부산
1892.4	일본	일본화재	대리점	인천
1894.1	일본	명치화재	대리점	인천
1895.7	일본	공제생명	대리점	부산
1897.7	일본	진종신도생명	대리점	부산
1898	일본	동양생명	대리점	목포
1898	일본	일본해상	대리점	목포
1898	일본	제국해상	대리점	목포
1898	일본	명치화재	대리점	목포
1898.10	일본	일본생명	대리점	목포
1899.3	일본	제국생명	대리점	목포
1900.4	일본	안전생명	대리점	서울
1900	일본	4개 보험회사	미상	인천
1904.12	영국	Holme Ringer & Co	대리점	미상
1904	영국	China Mutual Life	–	부산
–	영국	Standard Life	–	부산
–	–	Royal Life	–	부산
–	–	Western Life	–	부산
–	–	Canton Union Life	–	부산

–	미국	Equitable Life	–	부산
1908	일본	일본해상	대리점	부산
1908	일본	제국해상	대리점	청진
1908	영국	9개 손해보험회사	–	부산
1910.12.31	* 일본의 생명보험회사가 국내 설치한 대리점, 출장소 수: 96개			
1910	일본	일본해상	지점	경성
1911	일본	대판화재	대리점	부산
1911	일본	신호해상	대리점	부산
1912	일본	동양화재해상	대리점	부산
1912	일본	횡빈(橫濱)화재	대리점	부산
1915.12.31	* 일본의 생명보험회사 24개사의 점포 수: 625개			
1921	일본	횡자화재	지점	경성
1921	캐나다	Manufacturers Life	대리점	경성
1921	미국	New York Life	대리점	전남포
1939	일본	태평양해상화재	지점	경성
1940.12	* 일본 생명보험회사 25개사의 점포 수: 4,583개			
1944	일본	동경해상	지점	부산
1944	일본	동경해상	지점	평양
1944	일본	동경해상	지점	청진

- 출처: 김종원(2013)

㈜ 이외에도 많은 영국계 보험회사들(예를 들면, Commercial Union Assurance)이 1900년 전후로 대리점 형태로 진출함.[9]

---

9 손해보험협회(2006)

리점을 설치한 이래, 1890년대에 제국생명, 일본화재, 명치화재 등이 대리점을 설치하였다. 이후 여러 생명보험과 손해보험 대리점이 주요 지방 도시에 설치되었으며, 1910년 합방 후에는 일본 보험회사들이 지점 형태로 진출을 시작하였다.

1910년 한일합방 이후 일본의 식민 통치하에서 일본 보험회사의 활동은 더욱 두드러졌으며, 1914년에는 경성(京城 : 현재의 서울)에 생명보험동업회가 조직되었다. 1910년 한일합방 당시 96개에 불과했던 생명보험 영업점은 1913년 461개, 1915년 625개까지 늘어났다. 이후 1921년 조선생명보험주식회사가 설립 허가를 받아 우리나라에 본사를 둔 최초의 생명보험회사로 출발했다. 조선생명은 금융기관의 자금 사정을 호전시키기 위하여 당시 한성은행 경영자인 한상룡(韓相龍) 등 우리나라 실업가가 중심이 되어 자본금 50만 원으로 설립한 것으로, 6·25 전쟁 당시 영업을 중지하였다가 1955년 한국생명주식회사로 상호를 변경하고 재기하려고 했으나 성공하지 못했다.[10]

1922년에는 조선화재해상보험주식회사가 발족하여 최초의 손해보험회사로 출발하였다. 조선화재는 조선은행, 조선식산은행 등이

---

10 1962년 9월에는 허가가 취소되었다[손해보험협회(2006)].

대주주가 되어 설립한 일본계 회사로서 당시에 조선식산은행·동양
척식주식회사 및 금융보험연합회 등이 창설되면서 그와 함께 화재
보험 본사 설립도 강하게 요구되었는데, 이는 그들이 취득한 부동산
담보물을 화재보험에 가입해야 할 필요가 있었기 때문이었다.[11] 조
선화재는 8·15 해방까지 영업을 계속하다가 미군정(美軍政)의 귀속
재산이 되었다가, 그 후 상호를 동양화재해상보험주식회사로 개칭
하여 사업을 계속해 오고 있으며, 2005년에는 메리츠화재로 개칭하
여 지금에 이르고 있다.

　식민 통치하에서 재산보험시장은 화재보험이 중심이었고 해상보
험은 쌀 선적을 주로 담보하는 적하보험의 비중이 컸다. 그 밖에 신
용보험, 자동차보험, 도난보험, 삼림보험 등이 있었으나 보험료 규
모는 매우 작았다. 생명보험은 개인보험이 주가 되었으며 조선생명
의 영업 규모는 크지 않았다. 1929년에는 조선총독부 체신국이 주
관하여 간이생명보험을 개설하여 일제의 전비(戰費) 조달책의 일환
으로 강제적 대량 모집에 주력하였다. 1930년대에 국내에 지점 또
는 대리점을 설치한 생명보험회사는 19개사, 재산·책임보험회사
는 16개사로서 보험자금의 대부분은 전쟁자금으로 동원되었다.[12]

　1931년 만주사변을 계기로 일본은 국가총력전을 위한 보험산업

11　신수식(1995), 보험(保險), 한국민족문화대백과사전
12　전게서

의 동원과 통제의 기본 방침을 마련했고, 1937년 중일전쟁 이후 보험회사에 대한 국가 통제를 강화했다. 당시 일본은 전시금융법령을 내려 보험, 은행 등을 조선총독부가 직접 통제하고 자금 운용 등 사업의 여러 측면에서 일일이 개입했다. 특히 일제는 조선생명의 명칭을 조선생명징병보험주식회사로 변경하고, 전쟁보험상품의 개발 및 강제 가입을 시행했다. 보험계약마저 국가가 강제한 결과, 1941년 이후 보험산업은 강력한 전시 통제와 경제 불황에도 불구하고 계약 건수가 급증했다. 1945년 일본계 생보사는 전국에 19개 지점, 435개 지부 및 출장소가 분포돼 있었고, 보험 계약 건수가 99만 6,174건에 달했다. 당시 경제 규모와 생활수준을 감안하면 적지 않은 규모이다.[13]

1945년 8·15 해방과 함께 조선화재를 비롯하여 일본 보험회사의 국내 지점들은 군정청의 관리를 받게 되었다. 한편 해방 후 국내의 보험회사들이 1946년부터 설립되기 시작했다. 1946년 대한생명, 신동아화재, 대한화재, 서울화재 등이 창립됐고, 이듬해인 1947년에는 협동생명, 고려생명, 국제손보, 한국화재가 영업을 시작했다. 대한민국 정부가 수립된 1948년에는 고려화재, 대동화재 등이 설립됐고, 1950년에는 조선화재가 동양화재로 상호를 변경했

---

13 한국보험신문(2018.9.10), [1948년 이전 보험산업 현황] 일제강점기 수탈 수단으로 보험산업 통제

으며, 흥국생명이 창립됐다. 1952년 안보화재, 1953년 해동화재, 1954년 제일생명, 1956년 안국화재, 1957년 동방생명, 1958년 태양생명이[14] 출범했다.[15]

6·25 전쟁과 그 이후 상당 기간 동안 보험사업은 침체 또는 휴업 상태에 있었고, 화재보험만 취급하던 국내 회사들이 해상보험의 인가를 받고, 또한 해상보험을 위한 신규 회사들이 1950년대에 설립되었다. 한편 생명보험 분야는 1950년대 중반부터 서서히 사업을 재기하였으며, 여러 개의 신규 회사들이 계속하여 설립되었다. 이러한 업계의 증설에도 불구하고 사회 불안, 물가 상승, 과거 생명보험에 대한 피해의식[16]과 인식 부족으로 시장 확대에는 어려움이 많았다.

1950년대에는 공제(共濟)사업이란 이름으로 실질적인 보험사업을 하는 단체들이 생겨나기 시작하였다. 1955년에는 대한수산중앙회에서 어선공제사업이 실시되었고, 1958년 이후에는 한국해운조합에서 선주상호보험의 일환으로 선박공제와 여객상해공제가 실시되었다. 이로써 1960년대 이후 공제사업 발전에 바탕을 이루게 되

---

14 설립 후 대한교육보험으로 개명

15 6·26 동란이 발발하며 생명보험업은 유명무실한 상태가 되었다가, 1954년 10월 재무부는 생명보험 사업의 재개를 지시했다.

16 일제하에 전비(戰費) 마련책의 일환으로 판매된 보험이 패전과 더불어 하루아침에 휴지화되어 손해를 본 경험으로 생명보험에 대한 불신이 팽배해 있었다.

　　　　　　　　　　　　　　　　　　　보험 속의 경제학

보험 태동기 보험회사의 부침(浮沈)

연도별	보험회사의 활동
1880년	• 최초로 일본의 손해보험회사인 동경해상이 부산에 대리점 설치 • 1880년 이후 일본, 영국, 미국의 보험회사 진출하여 대리점, 지점 설치
1910년	• 일본계 생명보험회사 영업점이 96개에 이름
1914년	• 생명보험동업회(협회)가 경성(서울)에 조직됨
1921년	• 최초의 우리나라 생명보험회사인 조선생명주식회사 설립
1922년	• 최초의 손해보험회사인 조선화재해상보험주식회사 설립
1945년 이후	• 해방 이후 대한생명, 신동아화재, 대한화재, 서울화재 설립(1946년) • 협동생명, 고려생명, 국제손보, 한국화재 설립(1947년) • 고려화재, 대동화재 설립(1948년) • 조선화재 상호 변경(동양화재로), 흥국생명 설립(1949년)
1950년대	• 조선생명은 한국생명으로 상호 변경(1955년) 후 1962년 사업허가 취소 • 안보화재(1952년), 제일생명(1954년), 동방해상(1955년), 안국화재(1956년), 동방생명(1957년), 태양생명(1958년), 동아생명(1959년), 범한해상(1959년) 설립

었다.[17]

정부 정책과 보험사 경영전략의 평가

우리나라의 보험산업은 8 · 15 해방을 계기로 우리의 자본과 인

---

17 신수식(1995), 보험(保險), 한국민족문화대백과사전

적 자원에 의한 보험회사 설립과 함께 시작되었으나, 해방 직후 정치 · 경제적 혼란과 보험 경영에 대한 지식과 경험의 부족, 뒤이어 발생한 한국전쟁 등으로 인해 사실상 개점휴업 상태를 지속하였다. 8 · 15 해방 이후 정부 수립까지 미군정(美軍政)에 의한 보험 행정은 귀속재산의 관리와 보험회사의 설립허가 업무가 대부분을 차지하고 있었으며, 미군정은 자유경제원칙을 적용하여 보험회사의 신설 등을 원칙적으로 허용하는 정책을 시행하였다. 그 결과 신동아화재, 대한화재, 서울화재, 국제손해재보험, 한국화재, 고려화재, 대동화재 등 7개 손해보험회사가 이 시기에 순차적으로 설립되었다.

6 · 25 전쟁 이후 1954년 10월, 정부는 중단되었던 생명보험 사업을 활성화하기 위해 신설 회사의 설립을 적극적으로 허용하는 정책을 펴 나가게 되며, 1954년 12월 제일생명 설립을 시작으로 기존의 5개 회사를 포함하여 총 9개 생보사[18]가 국내시장에서 경쟁을 벌이게 된다. 손해보험의 경우 당시 손해보험시장의 규모나 여건에 비추어 볼 때, 7개라는 보험회사 수는 과당경쟁과 경영 체질의 약화를 초래하는 원인으로 업계에서는 평가하고 있었다.

생명보험업계도 단체보험의 치열한 판매 경쟁과 함께 과당 모집 경쟁과 모집인 대량 채용 및 대량 탈락 문제로 일부 생보사의 경영

---

18 조선생명, 대한생명, 협동생명, 고려생명, 흥국생명(5개 기존회사), 제일생명, 동방생명, 대한교육보험, 동아생명

부실이 표면화되었다. 그리하여 1960년 7월에는 대량 해약으로 위기에 빠진 제일생명을 3개 회사가 공동으로 관리하는 조치가 있었고, 1961년 6월에는 협동생명에 대한 관리명령이 내려져 동방생명이 관리인으로 지정되었다.

우리의 보험산업은 성장 단계에 제대로 진입하기도 전에 과당경쟁 등의 이유로 부실화가 나타났고, 감독당국은 업계의 공동관리 등을 통해 행정적인 대처를 하였다. 이 당시의 보험시장 구조가 과당경쟁이었는지 여부를 60년이 지난 현재의 관점에서 판단하기는 쉽지 않지만, 그 이후의 감독당국과 보험업계의 호송선단식 운영 행태를 놓고 볼 때에는 과장된 측면이 있지 않았을까 추측해 본다.

이 시기의 보험업계는 새롭게 형성되는 보험시장 내에서 생존하는 것이 최우선 목표였기에 보험계약자 보호에 대한 관점은 수면 위로 떠오르지 않았을 것이고, 감독당국도 해방 이후부터 지속되어 온 혼란기 속에 제도적인 정비를 할 엄두도 못 내고 있던 시기였다고 짐작된다.

3장

보험의
기반조성기
(1960년대~1970년대 : 제도 도입 및 성장기)

1962년 1월	보험업법 제정(우리나라 최초)
1963년 3월	대한손해재보험공사 설립으로 해외재보험 독점
1963년 4월	자동차손해배상보장법 제정으로 자동차보험 가입 의무화
1969년 2월	대한보증보험주식회사 보증보험 전업사로 설립
1973년 5월	한국화재보험협회 창립, 방재업무와 보험 풀 업무 관장
1977년 1월	재무부, 1977년을 '보험의 해'로 지정하고 보험산업 근대화 대책 시행
1977년 12월	보험사업의 근대화 추진 등을 주요 내용으로 보험업법 개정
1978년 3월	한국보험공사(보험감독원 전신) 설립

보험 속의 경제학

1960년대에 진입하면서 보험사업은 성장의 기틀을 마련하기 시작했다. 이 시기는 우리나라 보험산업이 정착되고 발전한 가장 중요한 시기로서 1963년 이후부터 약 20년 동안이다.

이 기간 동안 여러 차례에 걸친 경제개발계획이 성공하여 우리나라 경제가 비약적으로 성장하자, 보험산업도 그에 힘입어 크게 발전하였다. 이 기간에 있었던 특징 있는 사건으로는 보험업법의 제정, 보험산업의 근대화 시책, 그리고 재벌기업의 보험회사 인수 등을 들 수 있다.[19]

5·16 군사혁명 이후 보험산업에 몰아닥친 환경 변화는 보험시장의 변화와 성장에 많은 영향을 미쳤다. 1962년에 보험업법이 제정되고, 경제개발을 위한 내자(內資) 동원의 수단으로서 생명보험산업을 육성하도록 하였다. 그 결과 생명보험은 1962년부터 국민저축조합법에 의한 단체 보험시장의 개척으로 1970년 후반까지 비약적인 상승세를 보였다.

개인보험에 있어서는 단기저축성상품, 교육보험, 연금보험, 정기보험, 양로보험, 종신보험, 주택보험 등 모든 형태의 상품이 다양하게 출현하였다. 판매 측면에서는 단체보험, 교육보험, 그리고 단기저축성보험이 주류를 이루었다(다음 표 참조).

---

19 신수식(1995), 보험(保險), 한국민족문화대백과사전

기간	상품	상품 설명
1962~1976 (기반구축기)	교육보험, 연금보험, 양로보험, 정기보험, 종신보험, 주택보험, 단기저축성보험	• 정부의 고금리정책에 대응한 단기저축성 보험 상품이 집중 개발·판매됨
1977~1984 (근대화시기)	암보험, 종업원퇴직적립보험, 백수보험, 고액보장보험, 인플레이션대응상품, 탈퇴형상품[21]	• 암보험은 성인병 증가와 국민의 건강에 대한 관심 고조로 재무부에서 생보사 공동상품으로 개발·판매하도록 지시 • 종업원퇴직적립보험은 정부가 취약한 보험시장 육성을 위해 강구한 지원책으로서, 기업이 종업원의 퇴직금 사외 적립을 위해 납입보험료를 손비로 인정해 주는 혜택이 부여된 상품 • 인플레이션 대응 상품으로 1982년 변액보험의 일종인 '자율설계 투자수익보험'을 개발

• 출처: 김석영 외(2018) 내용 정리

1970년을 기점으로 단체보험보다 개인보험의 판매 비중이 높아지기 시작했는데, 그 이유는 정부에서 1968년 11월 22일 '자본시장 육성에 관한 법률'을 제정하여 경제개발계획의 자금을 증권 시장을 통해 직접 조달하는 방식으로 전환함에 따라 단체보험시장이 축

---

20 김석영 외(2018)에서는 보험 기반조성기를 기반구축기와 근대화시기로 구분

21 현재의 저해지환급형 또는 무해지환급형 상품과 유사한 상품으로서 보험료 산출 시 해지율을 반영하여 해지자에 대하여는 환급금을 적게 지급하고, 납입 기간까지 유지 시에는 환급률을 보장해 주는 상품이다.

소되었기 때문이다.[22] 1970년대 후반 암보험, 종업원퇴직적립보험, 백수보험, 고액보장보험, 인플레이션 대응 상품, 탈퇴형 상품 등이 주요 상품으로 등장했다.

암보험은 성인병 증가와 국민의 건강에 대한 관심 고조로 재무부에서 1976년 생보사 공동상품으로 개발·판매하도록 지시하여 시작되었다. 종업원퇴직적립보험은 정부가 1977년을 '보험의 해'로 정하고 취약한 보험시장 육성을 위해 강구한 지원책의 하나로서 기업이 종업원의 퇴직금 사외적립을 위해 납입하는 보험료를 손비[23]로 인정해 주는 혜택이 부여된 상품이었다.

1962년 이후 당시의 보험산업은 보험업법 제정, 손해보험회사의 통합·정비 작업, 금융 풀 실시, 특종보험 개척을 위한 제도 마련 등 정부에 의해 재편성되었다. 특히, 금융 풀, 해상 풀, 자동차보험 풀과 같은 각종 공동인수체제가 실시되고 강화된 것이 이 시기의 가장 큰 특징 중 하나이다. 다음 표는 보험 풀 체제의 변천 과정을 보여 준다.

---

22 김석영 외(2018)

23 손비(損費)란 기간손익을 계산함에 있어서 일정 기간에 발생한 수익에 대응하는 비용과 손실을 총칭하는 것으로서, 매출원가, 판매비와 일반관리비, 영업외비용, 특별손실 등을 포함한다. 이는 일반적으로 비용의 개념과 혼용하고 있으나 손실을 포함하는 것이며, 특히 법인세법에서 손비라는 용어를 쓰고 있고 수익을 획득하기 위해 소요된 모든 비용과 기타 당해 법인에게 귀속되는 일체의 경제적 손실을 말하는 것이다.

보험 종목	풀 모집 체제	기간
화재보험	ECA 풀 누에고치 구매관련 풀 물련(物聯) 풀 교역 풀 관재(管財) 풀 후생주택 풀 미곡담보 풀 금융 풀	1949.7.1.~1953 1949.11~1953 1949.9~1961 1949.9 1951.4~1964 1952.3~1952.6 1960.4~1961.9 1964.4~1983.5
해상보험	대한해상운송보험 공동사무소 조달청 풀 한국해상보험 공동사무소 해상·보세보험 풀 소형선박보험 풀	1953.2~1964.2 1964.7~1967.3 1967.3~1968.11 1975.1~현재 1973.7~현재
자동차보험	한국자동차보험 공영사	1962.2~1968.11
원자력보험	원자력보험 풀	1971.7~현재

● 출처: 손해보험협회(2006)

손해보험 분야에서도 산업의 구조를 정비하기 시작하였다. 국영 대한손해재보험공사가 1963년에 원수보험사의 반대에도 불구하고 설립되어 해외재보험을 독점하였으며, 1978년 완전히 민영화되었다. 자동차보험은 1957년에 설립한 한국교통보험주식회사가 도산하고 1962년 1월 풀(pool) 체제로 전환되었다. 1963년 4월 자동차손해배상보장법의 제정으로 자동차보험 가입이 의무화되고, 자동차 공업의 발전으로 차량 대수가 증가함에 따라 자동차보험의 비중이 급격히 상승하였다. 대한보증보험주식회사가 전업회사로서 1969년에 설립되어 보증보험을 독점 판매하기 시작하였다. 이 밖에도 손해보험 분야에서 경제발전과 무역의 증대에 따라 다양한 보험상품들이 개발·판매되었다.

급속한 발전을 거듭하여 온 경제와 더불어 보험산업은 놀라운 고도성장을 이루어 냈다. 1960년 당시 전체 생명보험과 손해보험의 보험료 수입이 각각 3억 8천3백만 원과 5억 1천만 원에 불과했던 것이, 25년이 지난 1985년에는 무려 3조 9천872억 원과 1조 166억 원으로 각각 1만 배와 2천 배의 양적 증가를 보였다. 특히 1970년 이후 두 차례에 걸친 석유파동에도 불구하고 연평균 40% 이상의 경이적인 성장률을 나타냈다. 다음의 표는 이러한 고도성장기에 보험업계의 양적 성장을 보험료와 자산 규모의 증가율로 보여 준다.

한편 1960년대에는 재벌기업들이 보험회사를 인수하는 사례가 다수 있었다. 삼성그룹은 안보화재와 안국화재를 1958년에 인수했고, 1962년에는 두 회사를 합병하여 한국안보해상으로 출발했다. 이듬해 1963년에는 안국화재로 사명을 바꾸었다. 한진그룹은 우리나라 최초의 손해보험사인 조선화재가 1950년에 동양화재로 사명을 바꾸고 영업을 계속하던 중, 1967년 인수하여 계열사로 편입하였다. 신동아그룹은 1969년 부도 위기였던 대한생명을 인수하였고, LG그룹(당시 럭키그룹)은 1970년에 범한해상을 인수하였다. 그 외에

보험 기반조성기의 양적 변화(1960~1985)

(단위: 원, %)

보험 종목	총수입보험료		총자산		1인당 보유계약액(생보) 보험침투도(손보) [24]	
	'60년	'85년 (증가율)	'60년	'85년 (증가율)	'60년	'85년 (증가율)위치
생명보험	3억8,300만	3조9,872억 (10,410배)	6억5,900만	6조9,215억 (10,503배)	300	195만2,000 (6,507배)
손해보험	5억1,000만	1조166억 (1,993배)	12억4,900만	1조2,360억 (990배)	0.21	1.24 (5.9배)
전체	8억9,300만	5조38억 (5,603배)	19억800만	8조1,575억 (4,120배)	–	–

● 출처: 손해보험협회(2006), 생명보험협회(2010)

도 태광그룹의 흥국생명 인수(1973년), 동아그룹의 동해생명(구 고려생명) 인수(1983년) 등으로 이어진다.

　재벌기업이 보험회사를 계열사로 인수하게 된 경위는 다음과 같다. 첫째, 재벌기업의 자기보험계약이 워낙 거액이므로 막대한 보험료가 외부로 유출되는 것을 막기 위한 이유였다. 둘째, 재벌이 소유하고 있던 은행 주식이 정부의 조치에 따라 부정 축재 환수금으로 국고에 귀속된 뒤 은행 지배가 불가능할 뿐 아니라 자금 융통도 쉽지 않았기 때문에, 새로운 자금 조달의 원천으로서 보험회사를 인

24　보험침투도는 국민총생산(GDP) 대비 총수입보험료, 즉 보험이 국가경제에서 차지하는 비율을 뜻한다.

38　　　　　　　　　　　　　　　　　　　　보험 속의 경제학

수하려고 하였다. 셋째, 1962년 말을 전후하여 보험회사가 합병된 뒤 정부가 신규 면허를 인정하지 않았기 때문에, 재벌의 보험회사 경영 참여가 기존 회사를 인수하는 방식으로 나타났다.[25]

보험과 유사(類似)하다 하여 유사보험이라 부르는 공제사업도 1960년대 이후 실질적으로 보험사업을 함으로써 민영 보험시장의 영역을 위협하게 되었다. 공제사업은 대한수산중앙회 · 한국해운조합 외에 1961년부터 농업협동조합중앙회에서 화재공제와 생명공제를 전국적인 조직을 통하여 운영하였고, 수산업협동조합중앙회 · 건설공제조합 · 대한교원공제조합 등에서도 운영하였다. 이 시기에 외국 보험회사는 정식 면허 없이 영업하는 경우가 많았으나, AIU 등은 1968년에 면허를 받았다. 외국 자본의 국내 진출 및 개방경제 체제 확대로 특히, 미국 보험회사를 중심으로 국내 진출이 적극적으로 시도되었다.

정부 정책과 보험사 경영전략의 평가

우리나라의 보험산업은 1960년 이후 약 20여 년에 걸쳐 급속한 양적 성장을 하였다. 이러한 양적 성장은 경제성장과 더불어 정부의 육성 정책에 힘입어 보험회사들의 경영을 통한 노력이 이루어 낸

---

25 신수식(1995), 보험(保險), 한국민족문화대백과사전

결과라 할 수 있다. 하지만 급속한 양적 성장의 이면에는 부정적인 측면도 무시할 수 없다 하겠다.

첫째, 정부의 보호주의 정책과 대형 보험회사가 이끄는 선단식 경영으로 독과점적인 시장 구조하에서 자체 경쟁력 배양이 제대로 이루어지지 못하였으며, 보험계약자의 권익 보호에도 소홀하였다.

둘째, 우리나라의 보험시장은 해외 선진보험사들의 국내 진입 제한으로 국내 보험회사들은 모두 '우물 안 개구리'가 되어 버렸다. 즉, 정부의 가이드에 쫓아가는 수동적인 경영으로 글로벌 시장의 변화에 적극적으로 대응하는 능력이 결여되고, 선진 경영 방식이나 제도의 도입과는 거리가 멀었다.

보험의 기반조성기는 우리나라 경제의 고도성장기와 일치한다. 1960년대 정부는 경제개발을 위한 계획을 실행함에 있어서 자본 조달의 수단으로 국민저축운동을 실시하였다. 그 일환으로 생명보험회사를 저축기관으로 지정하였고, 생명보험회사의 단체보험은 급성장하게 되어 생명보험 보유 계약의 3분의 2 이상을 차지하게 되었다. 개인보험이 주를 이루는 생명보험시장의 특성과 다른 기이한 현상을 가져왔으나, 1960년 교육보험의 등장으로 개인보험이 제자리를 차지하게 되었고, 생명보험시장은 1970~80년대 최고의 전성기를 누리며 생명보험 산업의 성장을 이끌었다.

이 시기 대다수의 보험회사들은 정부의 보호 정책하에 동일한 보험상품을 동일한 가격에 판매하며 현실에 안주하였다. 경쟁이 없는 시장을 '블루 오션(Blue Ocean)'이라 부르며 사업가들이 꿈꾸는 시장 공간이라 볼 수 있지만, 한편으로는 경쟁이 없는 시장은 시장참여자들로 하여금 나태하게 만들고 창의적인 발전을 위한 노력이 없는 죽은 시장이 되기도 한다. 당시 우리의 보험시장은 바로 이런 시장이었다고 할 수 있다.

이러한 생명보험업계에 변화와 성장이 가능했던 것은 당시 대한교육보험(현 교보생명)을 설립한 신용호라는 경영자가 있었기 때문이다. 그는 한국전쟁으로 피폐해진 조국의 현실을 안타깝게 여겨 '교육이 민족의 미래'라는 신념으로 1958년 8월 7일 대한교육보험을 창립하였고, '진학보험'(교육보험의 효시)이란 상품을 출시하였다. 이는 국내는 물론 전 세계에서도 찾아볼 수 없는 독창적 상품이었다.[26]

이렇듯 당시 정부의 선단호송 방식에 의해 끌려갈 수밖에 없었던 보험업계에 교육보험과 같은 독창적 상품이 등장한 것은 과연 우연이었을까? 비록 외형적으로는 정부가 주도하는 체제이지만 보험회사 경영자의 철학과 의지에 의해 혁신과 기회가 창출될 수 있다는 것을 '교육보험' 사례를 통해 알 수 있다. 창의적인 보험상품의 개발을 통해서 경제적으로 어려웠던 시절 다수 국민들의 교육비에 대한

---

26 신용호 창립자는 세계 최초로 교육보험을 창안하는 등 보험산업 발전에 이바지한 공로를 인정받아 한국인 최초로 IIS(International Insurance Society)의 세계보험대상을 받고 '보험 명예의 전당(Insurance Hall of Fame Award)'에 헌정된 바 있다.

우려를 해소시켜 줌으로써 사회에도 기여하고 회사 경영에서도 큰 수익을 거두었을 것이라 짐작된다.

한편 해방 후의 손해보험시장에 있어서 주 종목은 화재보험이었는데, 일반 국민의 재산을 대상으로 하는 보통보험으로서의 화재보험이 주종을 이룬 것은 아니었다. 군정청에 귀속된 일본인들의 귀속재산과 관련하여 의무적으로 가입해야 했던 화재보험, 금융기관 담보물의 화재보험, 그 밖에 미국의 각종 원조물자의 수배(受配) 자금과 누에고치 구입 자금의 방출에 요구되는 담보물의 화재보험 등 보험의 수요가 따로 있었다.

광복 후 사회·경제적 혼란에 따른 보험시장의 불안정과 많지 않은 보험물건에 비하여 손해보험회사 수가 많았기에, 회사 간 과당경쟁으로 보험회사의 경영 부실화를 초래할 것을 우려하여 풀(pool)이란 제도가 등장하였다. 우리나라 보험 풀의 생성은 지나친 경쟁으로 인한 사업비를 줄여서 건전 경영을 이루자는 것인데, 이러한 긍정적인 측면에도 불구하고 보험 풀은 결과적으로 보험업계와 행정기관이 궁여지책으로 만들어 낸 단편적인 방편이었다는 지적을 피하기 어렵다.

새로운 리스크의 출현, 업계의 과당경쟁 등으로 보험사업이 약간의 위기에 처해도 보험 풀의 결성 문제는 번번이 대두되었고, 이에 맞추어 보험당국은 협정 체결을 강요하였다. 그 결과 우리 보험사업의 체질은 허약해질 수밖에 없었던 것이다. 잦은 풀제의 실시는

보험 속의 경제학

결국 보험사업자로 하여금 보험시장의 개척을 등한시하게 하였고, 보험상품의 개발이나 고객서비스 등을 게을리하게 하였으며, 보험 경영의 주체성도 잃게 만들었다고 할 수 있다.

이렇게 정부가 보험산업의 경쟁력 제고보다는 안정적인 보험시장 유지를 빌미로 통제를 해 왔던 것이다. 한편 제4차 경제개발 5개년 계획이 시작된 1977년을 정부는 '보험의 해'로 정하고 '보험산업 근대화 대책'을 마련하였다. 기본 방향은 ① 보험의 공신력 제고, ② 보험시장의 저변 확대, ③ 보험의 내자 동원과 사회개발 기능 보완, ④ 보험기술 향상과 체질 개선, ⑤ 보험산업의 국제 경쟁력 강화로 설정되었다. 이로부터 5년 후인 1982년에는 수입보험료가 1977년에 비해 12배 이상 증가하였다. 그러나 이러한 급격한 성장의 이면에는 모집질서 혼란이나 계약의 유지율 저하, 막대한 사업비 지출에 따른 적자 누증 등 방만한 경영에 따른 부정적 현상도 병존하고 있었다.

이에 따라 재무부는 1981년 2월 20일 '보험회사 경영효율화지침'을 제정·시행하여 보험회사 경영의 내실화를 본격적으로 추진하게 되었다. 이 지침은 ① 유지율 제고를 통한 경영효율의 증진, ② 기구, 인원 및 점포의 합리적 운영, ③ 모집 질서의 정화, ④ 보험 전문 인력의 적극 양성 등을 기본 방향으로 설정하였다. 같은 해 11월 26일에는 경영효율화지침을 더욱 강화한 '생명보험계약 실효·해약 방지대책'을 시달하여 유지율 목표를 달성하지 못하면 신규 모집인의 채용 금지, 점포 증설의 억제 등 불이익을 부과하는 조치가 내려지기도 하였다.

40여 년 전에 시행하고자 했던 정부의 지침을 보면 현재의 보험 시장 현실과 크게 다르지 않다는 것을 엿볼 수 있다. 이는 정부의 보험산업 정책이 보험회사의 경영 방식 전환에 실질적인 영향을 주지 못했던 것이 아닌가 하는 의구심이 들게 한다. 그게 아니라면 예나 지금이나 이러한 경영효율화 문제는 해결될 수 없는 공허한 목표인지 돌이켜 볼 필요가 있다. 그동안 정부가 보험산업을 이끌어 왔던 선단호송 방식의 보호정책을 보면 애초부터 보험회사의 경영의 내실화는 실효성이 떨어지는 구호성 정책에서 나온 지침이 아니었을까 생각된다.

4장

보험시장의
개방기
(1980년대~1990년대 중반: 세계화 및 자유화)

1985년 5월	한국보험공사 내에 총괄 민원실 설치: 소비자보호 확대
1986년	우루과이 라운드(Uruguay Round) 협상 시작
1989년 4월	보험계약자 보호 위해 보험계약자 보호예탁금제도 및 보험보증기금제도 도입
1994년 4월	순차적 가격자유화 실시: 범위요율, 자유요율
1995년 1월	WTO(세계무역기구) 출범 및 회원 가입
1996년 12월	OECD 회원국 정식 가입
1997년	경제적수요심사제도(ENT) 폐지, 국경 간 거래 확대, 재보험 자유화 실시

1970년대 제1차, 2차 석유파동의 여파로 경기침체가 장기화 조

짐을 보이는 가운데, 1980년대와 1990년대를 거치면서 선진국들은 자국의 통상 이익을 극대화하는 방향으로 개발도상국가 등에 대해 무역 개방 압력을 대폭 강화하였다. 시장 개방이라는 신자유주의 조류 속에서 지구촌에서는 1980년대에 '우루과이 라운드[27]'가 출범하였고, 1990년대에는 WTO 체제가 출범하였다. 우리나라는 1996년 12월 12일 OECD 회원국으로 정식 가입하였다. 한편 1993년 8월 12일에는 금융실명제를 전격 실시하였다.

1990년을 지나면서 세계화(globalization)의 조류 속에서 우리나라에서는 정책당국자와 경제인을 중심으로 개방화, 자율화, 국제화(세계화)라는 용어가 유행어처럼 회자되기 시작했다. 군사정권의 퇴장과 민주화의 진전, 그리고 새로운 개방의 시대로 진입하게 된 것이다. 이 시기에 주목할 만한 사건으로는 보험업법 개정과 보험감독원 개원, 보험개발원과 보험연수원의 설립, 노동조합의 설립, 그리고 경쟁 심화와 함께 소비자 시대의 개막이 있다.

보험시장 개방 진행 과정

1980년대 초반까지는 보험시장의 성숙도를 고려하지 않는 시장

---

27 우루과이 라운드(UR)는 1986년에 시작된 GATT의 제8차 다자간 무역협상이다. 종래 GATT 규정이 포함하지 않는 서비스·해외투자·지적소유권 등에 대한 새로운 규칙이 요구됨에 따라 상품 그룹과 서비스 그룹을 양축으로 하여 광범위한 의제를 다루었다[KDI 경제정보센터].

보험 속의 경제학

개방을 하게 될 경우 국내 보험회사들이 외국 보험회사들에게 지배를 받게 되는 시장 불균형을 초래할 수 있다는 우려로 개방을 미루어 왔다. 하지만 대외적인 개방 압력이 커짐에 따라 정부는 국내 보험회사에 대한 설립 기준 완화를 우선적으로 추진하는 한편, 동시에 대외 개방을 진행하는 방향으로 시장 개방을 추진하였다.

국내 보험회사의 진입장벽 완화는 1986년 5월 30일 국내 생명보험회사의 허가 기준을 발표하고, 1987년 12월 29일에 지방 생명보험회사의 허가 기준을 발표하면서 본격화되었다. 이에 따라 1989년과 1990년 중에 대신생명, 태평양생명, 국민생명, 한덕생명, 한국생명, 신한생명과 같이 전국을 대상으로 하는 생명보험회사들이 설립되었다. 1983년과 1993년 사이에는 지방을 영업 대상으로 하는 부산생명, 대구생명, 광주생명, 대전생명, 중부생명, 경남생명, 전북생명, 충북생명, 한일생명이 설립되었다.

대외적인 시장 개방을 살펴보면 한미통상협상의 타결로 미국의 라이나생명과 ALICO의 지점 설치가 외국 생명보험회사의 국내지점 설립 허가 기준에 의거하여 1987년 4월 22일과 5월 18일 각각 허가되었다. 이후 아플락생명(AFLAC), 죠지아생명, 아메리카생명의 국내지점 설치가 허용되었고, 동부애트나생명, 동양베네핏생명. 코오롱메트생명, 고려씨엠생명 등의 합작회사도 출현하였다. 또한 한국푸르덴셜생명과 네덜란드생명, AGF생명과 같은 현지법인도 등장하였다.

보험시장 개방에 따른 보험회사의 진입과 퇴출 현황

연도	생명보험회사			손해보험회사		
	진입	퇴출	회사 수 (외국계)	진입	퇴출	회사 수 (외국계)
1980~1986 (시장 개방 이전)	–	–	6 (0)	–	–	14 (2)
1987~1995 (시장 개방기)	27	–	33 (11)	3	–	17 (3)
1996~2000 (시장 개방 이후)	2	12	23 (9)	9	2	24 (9)

● 출처: 최원 외(2014)

보험시장 개방이 기존 보험산업에 새로운 변화를 가져올 것이라는 기대와는 달리, 오히려 신설 보험회사들과의 외형 경쟁에서 우위를 점하기 위한 외형 확장에 집중함으로써 기대했던 수준의 서비스 개선과 보험계약자 보호는 이루어지지 않았다. 신설 보험회사들 역시 기존 보험회사의 외형 성장 전략을 그대로 답습하면서 오히려 과당경쟁을 유발하는 모습을 보였다. 보험시장 개방 이후 우리 보험산업은 기대했던 질적 성장은 고사하고, 경영의 부실화를 초래하여 상당수의 신설 보험회사들은 시장에서 퇴출되는 상황에 이르게 되었다(위의 표 참조).

보험 속의 경제학

세계경제 환경의 변화와 국내 보험시장 개방 요구

세계시장은 세계무역기구(WTO) 체제의 출범으로 50년 가까이 세계 무역 질서를 담당해 왔던 GATT 체제[28]가 해체되고 새로운 무역 질서 체제로 재편되었다. 우루과이 협상과 WTO 체제는 다른 산업 분야와 마찬가지로 보험산업에 대해서도 시장 개방 압력을 대폭 가중시키는 결과로 나타났으며, 우리나라 보험업계의 질적 변화를 요구하게 되었다. 우루과이 협상에서는 서비스분야의 국제교역을 다루는 최초의 다자(多者) 간 구속적 규범인 '서비스교역에 관한 일반 협정(GATS)'이 제정되어 1995년 WTO 출범에 따라 발효되었다.

OECD는 선진국 중심의 세계경제기구로 회원국의 경제성장 촉진 및 세계경제 발전, 개발도상국에 대한 원조, 자유무역 확대 등을 도모하기 위하여 유럽의 18개 국가와 미국, 캐나다가 주도하여 1961년 발족한 모임이다. 우리 정부는 1995년 3월에 가입 신청을 하고 1996년 10월에 통과되어 OECD의 29번째 회원국이 되었다. OECD 산하 보험위원회 심사에 있어서 주요 쟁점 사항은 경제적 수요 심사제도(ENT)의 폐지와 국경 간(cross-border) 거래의 확대, 재보험 자유화 등이었으며, 해당 사항은 1997년 중에 폐지 및 대외 개

---

28 관세 및 무역에 관한 일반협정(GATT)은 관세장벽과 수출입 제한을 제거하고, 국제무역과 물자 교류를 증진시키기 위하여 1947년 제네바에서 미국을 비롯한 23개국이 조인한 국제적인 무역협정이다[KDI 경제정보센터].

방되었다.

 우리나라 보험시장의 개방은 국제기구의 등장과 가입에 따른 불가피한 부분도 있었지만, 개별 국가로 미국의 시장 개방 압력이 강하게 작용했던 점을 부인할 수 없다. 1985년 7월 개최된 제4차 한미경제협의회에서 미국 측은 한국의 금융·보험시장 개방 문제와 관련하여 국내 영업 조건의 완화 및 개방 시기를 단축해 줄 것을 강력히 요구하면서, 화재보험 풀에 외국 보험회사들의 즉시 참여를 요구하였다. 한편 9월에는 레이건(Reagan) 대통령이 한국에 보험시장의 문호를 개방하라는 구체적인 압력으로 미국 통상법 슈퍼 301조를 발동하여 시장 개방 정도가 공정거래기준법에 저촉되는지 여부를 조사하도록 미국 무역대표부에 지시하면서, 우리나라 보험시장에 대한 본격적인 조사가 이루어졌다.

 그 이후 수차례의 실무협의 등을 거쳐 1986년 8월부터 미국 손해보험회사의 화재보험 풀 참여를 허용 하였으며, 12월에는 '외국 생명보험회사의 지점설치 허가기준'을 제정하게 되었다. 1992년 하반기부터 미국 등 선진국들의 거센 개방 압력과 대형 외국 보험사들의 요구로 정부는 8월부터 무배당상품의 판매를 허용하였고, 재보험산업이 자유화되었으며, 외국 보험사의 업무용 부동산 취득도 허용하였다.

 1993년부터는 해외보험사에 적하보험 등을 가입할 수 있도록 하였고, 4월부터는 전국적 보상망이 없는 보험사도 자동차보험을 취급할 수 있도록 허용했다. 복수대리점의 허용이 손해보험은 1992년 4월부터, 생명보험은 1994년부터 허용되었으며, 1996년 4월과 1997년 4월부터는 손해보험과 생명보험에 각각 독립대리점을 허용하여 모든 보험사 상품을 함께 취급·판매할 수 있도록 하였다.

보험가격 자유화

과거 보험상품 가격은 모든 보험회사가 정부나 감독당국의 인가를 받은 동일한 보험요율을 사용하는 협정요율체계(tariff rate system)가 주류를 이루었으나, 1992년 금융시장 개방을 계기로 1993년 12월에 정부는 보험상품 가격자유화 계획을 발표하여 1994년부터 범위요율, 자유요율 형태의 순차적 가격자유화를 추진하였다(다음 표 참조).

이에 따라 선박보험, 운송보험, 영업배상책임보험 등은 1994년 4월부터, 적하보험, 화재보험 등 일반보험은 1995년 4월부터 2년간 범위요율을 적용한 후 자유요율로 이행하게 되었다. 자동차보험은 일반 국민에게 미치는 영향을 참작하여 보험료에 미치는 영향이 적은 부분부터 단계적으로 자유화가 추진되었다.

일반손해보험의 가격자유화는 1994년부터 단계적으로 진행되어 왔으나, 범위요율제가 하한요율로 고정되어 적용되는 등 실질적인 자유화 효과가 미흡한 부분이 있었다. 이를 보완하는 한편, 국제적

손해보험 가격 자유화 일정

구 분			범위요율	자유요율	비 고
일반	화재	주택 일반	1996.4~1998.3 1995.4~1997.3	1998.4 이후 1997.4 이후	3차 자유화 2차 자유화
	선박	500t 미만 500t 이상	1994.4~1996.3 –	1996.4 이후 –	1차 자유화 현행자유요율
	적하		1995.4~1997.3	1997.4 이후	2차 자유화
	기술 배상책임 근재		1994.4~1996.3	1996.4 이후	1차 자유화
	상해		1995.4~1997.3	1997.4 이후	2차 자유화
	종합	동산종합	1994.4~1996.3	1996.4 이후	1차 자유화
		기타종합	1995.4~1997.3	1997.4 이후	2차 자유화
	기타특종		1994.4~1996.3	1996.4 이후	1차 자유화
장기	예정사업비율 예정위험률 및 예정이자율		1994.4~1996.3 1997.4~1999.3	1996.4 이후 1999.4 이후	1차 자유화 3차 자유화
자동차	할인·할증율 특별할증		1994.4~1996.3	1996.4 이후	1차 자유화
	개별적용률 (개인용·업무용·영업용)		1995.4~1997.3	1997.4 이후	2차 자유화
	기본보험료		1996.4~1998.3	1998.4 이후	3차 자유화

● 출처: 손해보험협회(2006)

정합성에 부합하는 보험가격 체계를 마련하기 위해 2000년 4월부터는 부가보험료[29]에 가격자유화가 시행되었다. 2002년 4월부터는 순보험요율도 회사별 경험 실적을 반영하여 자율적으로 산출하게 하는 회사별 보험요율체계로 전환되어 일반손해보험의 가격자유화가 완료되었다.

장기손해보험의 가격자유화는 1994년 4월 이후부터 단계적으로 시행되어 2000년 4월 완전자유화를 이루었다. 자동차보험의 가격과 상품은 1994년 이전에는 모든 보험회사가 공동으로 감독당국의 인가를 받아 사용하는 협정요율제를 채택하였으나, 1994년부터 각 요율 요소별 범위요율제가 시행되다가 1998년 8월 기본보험료 범위요율의 확대 시행으로 보험가격의 단계적 자유화가 일단락되었다. 2000년 4월 부가보험료 자유화에 이어서 2001년 8월부터 모든 자동차보험의 가격을 보험회사가 자율적으로 책정할 수 있게 되었다.

1980년 후반 국내 보험시장 대내외 개방과 함께 규제 완화가 본격적으로 추진되면서 상품 개발 측면에서도 보험수요자의 수요에 부응하는 다양한 상품 개발을 촉진하기 위해 상품 인가 기준의 개정이 요구되었다. 이에 재무부는 1988년 3월 '보험료 산출기초 및 상품개발지침'을 개정하여 신고 후 판매(file & use) 및 판매 후 신고(use & file) 제도를 도입하여 기존의 건별 인가제도의 불합리성을 극

---

29 부가보험료란 계약자가 부담하는 전체보험료(영업보험료라 부름) 중에 보험회사의 운영에 사용되는 사업경비에 해당하는 보험료를 말한다.

복하고, 상품 개발 측면에서 보험사의 창의성과 자율성을 제고하는 계기를 마련하였다.

1993년 6월 29일에는 기존의 표준약관, 상품개발지침 등으로 세분화되어 있던 상품 관련 규제를 생명보험 상품관리규정으로 통일하고, 인가제도를 대폭 자율화·간소화하는 조치가 시행되었다. 특

생명보험 가격 자유화 일정

구분	내용	근거
제1단계 (1994.4.1.)	• 유지비 자유화 – 보험 기준별, 보험 종목별로 하한선이 설정되어 있던 유지비 하한규제 폐지	• 상품관리규정 개정
제2단계 (1995.4.1.)	• 위험률차 배당 자유화 – 배당에 소요되는 금액을 선적립한 회사에 한해 위험률차 배당을 자율적으로 시행 – 선(先)적립금액이 미달되는 회사는 연간 위험보험료 기준 15% 이내에서 배당	• 계약자 배당준비금 적립 및 배당에 관한 지침 개정
제3단계 (1997.4.1.)	• 이차배당 자유화 – 이차배당 기준율 폐지 – 배당소요액을 선적립한 회사에 한하여 이차배당 자유화와 장기유지 특별배당 폐지 – 금리차보장금제도 폐지(1997.10.1.)	• 상품관리규정 개정 • 계약자배당준비금 적립 및 배당에 관한 지침 개정
제3단계 (1997.4.1.)	• 예정위험률 자유화 – 위험보험료 수입과 사망보험금 지급실적에 근거하여 자율적으로 산출, 운영 – 실적사망률을 산출하지 못하는 회사는 표준사망률의 70%에서 115% 범위 내에서 회사가 수정, 사용	• 상품관리규정 개정 • 계약자배당준비금 적립 및 배당에 관한 지침 개정
제4단계 (1998.4.1.)	• 예정이율 자유화 – 예정이율을 고정요율에서 범위요율로 제한적 자유화	• 상품관리규정 개정

● 출처: 생명보험협회(2010)

히, 다른 회사가 인가를 받아 판매하고 있는 상품을 판매하고자 하는 경우 신고불요(no-file) 상품으로 분류하였다.

생명보험 가격자유화 계획은 1993년 12월 10일 발표가 되었는데, 자유화 일정은 생보업계의 취약한 경쟁 여건을 고려하여 충격이 적고 실시가 용이한 부분부터 자유화를 단계적으로 실시하게 되었다(앞의 표 참조). 즉, 제1단계는 유지비 자유화, 제2단계는 위험률차 배당 자유화, 제3단계는 이차배당 자유화와 예정위험률 자유화, 그리고 제4단계는 예정이율 자유화로 확대되었다.

소비자보호 확대

1970년대부터 보험산업이 급성장하면서 양적 성장과 질적인 발전이 균형을 이루지 못하여 보험민원 건수는 계속 증가하였다. 보험당국의 입장에서는 보험업계 차원에서 자율적으로 보험민원 해결 창구 역할을 해 줄 것을 기대하였지만 민원 업무가 효율적으로 처리되지 않았다. 민원인들은 보험사업자와의 대화를 기피하면서 외부기관 등 매스컴으로 호소 대상을 확대함으로써 보험사업자에 대한 불신을 표출하였고, 이로 인한 보험회사의 사회적인 공신력은 저하되고 있었다.

그리하여 1978년 한국보험공사 설립 이후 보험계약자의 권익 보호와 보험산업의 건전한 지도·육성을 위한 시책의 일환으로 점증되는 보험민원을 직접, 간접의 모든 수단과 방법을 동원하여 처리하여 왔다. 1985년 5월 한국보험공사는 보험의 공신력을 높이고 민원에 대한 신속·공정한 처리와 민원 발생을 최소화하기 위하여 민원 업무를 총괄하는 독립된 민원실을 설치하였다. 동 민원실에서는 보험에 관련된 민원 업무를 처리·조사하고, 그 결과에 대한 조치와 보험민원에 대한 예방 대책 수립 등의 제반 민원 업무를 전담함으로써 민원 처리의 일관성 도모와 사후관리 강화 등 민원 업무의 효율적 처리에 크게 기여하였다.

보험분쟁과 관련하여 각급 행정기관에 접수된 민원은 민원사무 처리규정(대통령령 제 11252호)에 의거 대부분 청와대(민정비서관실), 정부합동 민원실, 재무부(보험국), 기타 정부 내 각 부처(내무부, 치안본부, 검찰청, 법무부, 보사부, 농림부 등)를 경유하여 한국보험공사에 이첩되었다. 사회단체인 대한주부클럽연합회, YMCA, YWCA의 소비자고발센터와 법률구조협회 등은 보험분쟁과 관련하여 민원인으로부터 호소된 민원 내용을 한국보험공사 또는 협회 등에 의뢰하거나 문의하였다. 민원의 내용은 보험금 산정의 타당성 여부와 보험금 지급면책에 대한 불만사항이 대부분이었다. 이외에도 언론기관(한국방송공사, 각 신문사) 및 정당 등에 보험분쟁과 관련된 민원인의 탄원서가 접수되어 그 처리를 보험공사나 협회 등에 의뢰하였다.

한편 보험상품 개발 시 사용되는 수리적인 전문용어와 보험증권 등에 사용되는 법률용어와 의학용어 등 전문적인 분야에서만 사용되는 난해한 용어들이 많아, 일반소비자들이 보험계약 내용을 제대로 이해하기 어려워 보험회사와 계약자 간에 분쟁이 일어나는 경우가 많았다. 그리하여 일반인이 보험계약 내용을 쉽게 이해하고, 많은 사람이 보험을 더욱 가깝게 느낄 수 있도록 보험용어에 대한 순화·정비 작업을 꾸준히 해 왔다.

1983년 보험업계와 협회의 참여로 보험용어 정비 실무위원회를 구성하여 기존 보험용어에 대한 정비가 이루어졌다. 이후 한국보험공사는 한국보험학회의 보험용어심의위원회 심의를 거쳐 최종 확정된 124개의 보험용어를, 1985년 1월부터 약관 및 사업방법서 등 모든 관계규정의 개정 시 반영하도록 조치하였다. 그 후 보험감독원 주관하에 추가로 손·생보 총 70개의 용어를 국어화·평이화하여 1991년 8월부터 사용하도록 하였다. 1993년에 재무부는 보험감독원 및 보험협회와 공동으로 알기 쉬운 보험용어 보급 작업을 추진하여, 총 400개 이상의 보험 관련 용어의 대대적인 정비 작업이 이루어져 1993년 6월부터 사용하였다. 그 이후 1998년 말에서 2002년까지 표준약관 개정 시에 보험용어도 일부 정비되는 작업이 진행되었고, 2002년 5월에는 금융감독원 주도로 금융권역별 실무작업반과 실무위원회를 설치·운영하여 '알기 쉬운 금융용어 만들기 작업'을 진행하여 2002년 12월부터 사용되었다.

이외에도 소비자보호 및 계약자서비스 확대의 일환으로 계약자보호예탁금 및 보험보증기금제도를 도입하였고, 정보공시제도의

보험용어 순화와 정비 과정(1983~2004)

일자	주요 내용
1983.5.19.	• 용어정비 실무위원회: 업계 실무자 7명 • 표준약관, 청약서, 보험료영수증, 안내장, 모집인시험교재 등 총 183개 정비
1984.12.17.	• 한국보험공사, 124개 용어 정비(약관 등 모든 관련규정에 개정 반영) – 정미보험료 → 순보험료, 보유보험료 – 표준하체 → 표준미달체 – 보유계약고 → 보유계약액 – 가도보험금 → 가지급보험금 등
1991.8.7.	• 보험감독원, 70개 용어를 국어화, 평이화 – 부리하여 → 계산한 이자를 더하여 – 끽연 → 흡연 등
1993.6.9.	• 재무부, 보험감독원 및 손·생보협회 공동으로 보험 분야 모든 용어 401개 정비 – 모집문서도화 → 보험안내자료 – 사손 → 회사의 손해 – 파행 → 절뚝거림 등
1998.12.16. 2002.8.1.	• 표준약관 개정 시 보험용어 일부 정비 – 효력 상실 → 계약 해지 – 납입기일 → 납입하기로 약속한 날 – 고지 의무 → 계약 전 알릴 의무
2003.2.	• 금감원, 전 금융권 금융용어 정비(10개월 작업) – 『알기 쉬운 금융용어』 책자 발간(177개, 보험 83개)
2004.6.	• 금감원, 자동차보험 표준약관 개정 시 일부 정비 – 책임기간 → 보험기간 등 유사 단어 일원화 및 잘못 표현된 자구를 수정
2004.7.	• 금감원, 보험용어 순화 및 보도자료 작성 방법 개선 – 『알기 쉬운 보험용어 만들기』 작업 진행

• 출처: 손해보험협회(2006)

도입, 계약자 이차배당 실시, 보험품질보증제도 실시 등이 이 시기에 이루어졌다. '보험계약자 보호예탁금 제도'는 보험사의 경영 부실로 인한 위험으로부터 보험계약자를 보호하기 위해 보험사 설립

보험 속의 경제학

시 납입자본금 또는 기금의 일정 규모(30%)를 현금 또는 유가증권으로 보험감독원에 예탁하도록 하는 제도로서 1989년 4월부터 시행하였는데, '예금자보호법'의 시행으로 제도의 실효성이 없어져 2003년 5월 보험업법 전면개정 당시 폐지되었다.

또한 보험회사의 파산 등 지급 불능 시 보험금의 지급 등을 보장함으로써 보험산업의 공신력을 제고하고 보험계약자 보호를 강화하는 '보험보증기금제도'를 도입하였으나, '예금자보호법'의 시행으로 1998년 1월 보험업법 개정을 통해 폐지되고 '예금보험제도'로 통합·운영하게 되었다. 1997년 4월에는 보험상품의 완전판매를 위하여 계약자 보호 및 국내 보험업계의 경쟁력을 강화하기 위하여 보험업계가 제도 개선 방안을 시행하도록 하여 '3대 기본 지키기(약관전달, 자필 서명, 청약서부본 전달)'를 준수하며 품질보증 담당제 및 품질보증 환급책임제 등을 권고 사항으로 실시하였다.

정부 정책과 보험사 경영전략의 평가

이 시기는 자유화, 개방화 그리고 세계화라는 말로 요약되는데, 국내외 생명보험회사들이 무분별하게 진입함으로써 보험시장은 과당경쟁으로 혼란을 겪었다. 한편 신설보험사들의 대다수가 부실경영으로 시장에 뿌리를 내리지 못하고 퇴출의 길로 들어서게 된다. 일반적으로 시장경쟁은 시장참여자들 간에 경쟁을 통하여 가격을 낮추어 소비자들에게는 편익을 가져다주지만, 이 당시의 과당경쟁은 '제 살 깎기'로서 과다광고 등으로 인한 사업비의 과도한 집행으로 이어져 수익이 악화되고, 결국은 지급 불능 사태를 초래했다. 그리하여 부실보험사에 대한 시장 퇴출 및 구조조정이 불가피하게 이루어졌던 것이다.[30]

생명보험업계가 개방으로 인한 몸살을 앓고 있을 때, 그 파급 효과가 상대적으로 적었던 손해보험업계에서는 개방시대에 맞는 경영전략을 제시하며 발전적인 방향을 모색하였다. 안국화재(삼성화재의 전신) 사장이었던 손경식은 1986년 보험학회지에 기고를 통해 시장개방과 자유화에 따른 손해보험회사 경영의 과제를 분석·제시하였다. 판매 증대를 통한 시장의 확대가 규모의 경제를 누릴 수 있어 경쟁력을 향상시킬 수 있으며, 이는 사업비 인하를 통하여 경쟁력의 근원인 원가경쟁력을 높일 수 있다는 것이다. 한편으로는 보험의 보유를 확대함으로써 재보험 비용을 줄여 이윤을 증대시킬 수 있다고 하였다.

시장을 확대한다는 것은 어느 산업이든지 기업의 속성상 성장을 위해서는 불가피하게 추구할 수밖에 없는 측면이 존재한다. 하지만 외형 확대에 치중하는 보험회사들의 경영 방식은 판매 경쟁을 야기하여 모집 질서 문란과 불완전판매 등으로 소비자들에게 피해가 돌

---

[30] 상세한 내용은 제4장 참조

아가는 부작용이 있다. 그 외에도 상품, 판매 조직, 요율 및 언더라이팅, 보상 처리, 자산 운용, 경영 방식 등 모든 분야에 걸쳐 개방과 자유화로 인한 보험사의 변화 방향에 대해 제언하였다. 과연 이러한 경영의 방향에 맞추어서 당시의 보험사들이 발 빠르게 전환하였는지 스스로에게 물어볼 필요가 있겠다.

이 시기에 보험업계가 심기일전(心機一轉)하여 시장경쟁을 통해 자생력을 키우며 장기적인 경쟁력 강화를 추진하였더라면, 그로부터 10년 후에 찾아오는 신설 생보사들의 부실 초래와 외환위기로 인한 보험산업의 구조조정이 그렇게 심각하고 대폭적으로 이루어지진 않았을 것이다. 정부도 개방정책을 제대로 시행하려 했다면 '우물 안 개구리들'을 우물 밖으로 꺼내 주어 맘껏 국내외 시장을 뛰어볼 수 있는 여건을 만들어 주었어야 했는데, 반대로 관치(官治)의 울타리에 가두어 놓았기에 그 책임을 피해 갈 수는 없다.

당시의 정부 정책이나 보험업계의 경영전략은 모두 실패했다고 평가하는 게 맞다. 이러한 정부와 산업의 실패는 소비자들에게 고스란히 피해가 가게 마련이다. 정부정책과 보험업계의 경영이 조화를 이루지 못하고 부실의 늪으로 빠지게 되었으며, 이러한 부실은 재무건전성에 악영향을 주게 되고, 부실 회사들은 시장 퇴출이나 타 회사에 계약이전 또는 매각됨으로써 소비자의 이익을 해치고 생활에 불편을 초래하였다.

5장

보험산업의
구조개편기
(1990년대 말~2000년대 중반: 외환위기와 선진화)

1997년 6월	대통령 직속 금융개혁위원회 금융감독제도 개편 권고
1997년 12월	외환위기로 IMF에 구제금융 신청
1998년 4월	국무총리 소속 금융감독위원회 설립
1998년 8월	생명보험산업 구조조정으로 4개 생보사 시장 퇴출
1998년 11월	대한보증과 한국보증 합병하여 서울보증보험(주) 출범
1999년 1월	금융감독원 설립
1999년 5월	EU 방식 지급여력제도 도입
2000년 1월	경영실태평가제도 도입·적용
2003년 8월	방카슈랑스 제도 시행
2007년 4월	리스크평가제도(RAAS) 시행

보험 속의 경제학

1990년대 중반까지 안정적인 경제성장을 달성해 오던 우리나라 경제는 국내외 경제 여건의 급속한 악화로 외환 유동성 위기 사태에 몰려 국제통화기금(IMF)에 구제금융을 신청해야 하는 최대의 위기에 직면하게 되었다.

IMF 관리체제 진입 이후 보험업계는 단기간 동안 많은 변화를 겪게 되었다. 1998년 보험업법 대폭 개정에 이어 2003년에 보험업법 전면개정이 이루어졌다. 규제감독에 있어서는 금융감독위원회와 금융감독원이 출범하고, 지급여력제도가 강화되었으며, 경영실태평가제도가 도입되었다. 제3보험의 손·생보 겸영 허가, 인허가 지침의 변화와 신규 보험사의 설립 규제 완화, 방카슈랑스의 단계적 허용, 보험중개인제도의 개편 등 모집 체계의 변화, 온라인 전업사의 출현 등 직판체제의 본격 도입을 포함하여 제도 변화 측면에서 주목할 만한 일들이 있던 시기이다.

정부가 사활을 걸고 추진한 경제구조 개혁에 따라 보험업계도 강력한 구조조정을 진행하였으며, 이러한 경영 개선 노력으로 외환위기를 극복하고 보험산업의 구조를 선진화하는 계기가 되었다. IMF 구제금융 이후 2년여에 걸친 구조조정 노력에 힘입어 우리나라 경제는 예상보다 빠른 속도로 회복세를 보였다. 1999년 들어 경제성장률은 10.7%를 기록하였으며, 종합주가지수도 1,000포인트에 달하고 금리도 한 자리수로 하락하는 등 금융시장 지표가 외환위기 이전 수준을 상회하는 모습을 보였다. 특히 국제수지는 2년 연속 대규모 흑자를 기록하여 외환위기 탈출의 견인차 역할을 하였다.

이와 같이 외환위기는 우리에게 큰 시련을 준 측면도 있으나, 우리 경제의 비효율을 제거하고 시장 개방과 외국인 투자의 확대 등을 통해 우리 경제 전반에 새로운 패러다임을 정착시키는 동기가 되었다고 평가할 수 있다. 특히 보험산업의 경우 리스크관리와 내실 경영의 중요성을 절실하게 깨닫는 계기가 되었다.

보험산업 구조조정

1997년 외환위기와 대기업의 연이은 부도로 인해 다수 금융기관의 경영 부실이 표면화되기 시작했다. 일부 금융기관은 유동성 부족 사태로 인해 사실상 지급 불능 상태에 처하게 되었으며, 이로 인해 정부는 유동성 위기가 심화된 종금사[31]를 대상으로 1997년 말부터 금융기관 구조조정을 추진하기 시작하였다.

1998년 4월 1일 새로 발족한 금융감독위원회는 금융구조개혁 추진방안을 발표하여 은행을 필두로 금융기관 구조조정의 조기 추진 방침을 천명하였고, 지급여력비율이 −20%에 미달하여 경영 정상화 이행 가능성이 희박하다고 판단되는 4개 생보사(국제, BYC, 태양, 고려)를 부실금융기관으로 지정하고 영업정지를 명령하였다. 4개

---

[31] 종합금융회사를 줄여서 부르는 통칭으로 증권중개 업무와 보험 업무를 제외한 거의 모든 금융 업무를 할 수 있는, 말 그대로 종합 금융을 담당하는 회사이다.

생보사에 대해서는 인허가 취소를 하고, 보유계약을 대형 생보사(삼성, 교보, 제일. 흥국)에 이전시켰다. 이로써 외환위기 이후 촉발된 생보산업 구조조정 과정에서 1차로 4개 부실생보사에 대한 퇴출 조치가 단행되었다.[32]

생명보험시장의 경영환경이 개선되지 않은 가운데 제1차 구조조정 시 조건부 승인을 받은 14개 생보사 중 일부 회사는 경영 부실이 더욱 악화되었다. 1999년 들어 금융감독위원회는 부실이 심화된 일부 생보사에 대하여 인수합병 등 공개매각 방식으로 추가 구조조정을 결정하였다. 이에 따라 두원, 조선, 동아, 태평양, 국민, 한덕 등 6개 생보사와 금융감독원 실사 결과 자본잠식 중인 것으로 판명된 대한생명을 포함한 총 7개 생보사가 추가 구조조정 대상이 되었다.

2차에 걸친 생보사의 구조조정을 완료한 후에도 적기시정조치 제도를 활용한 구조조정은 계속 추진되었다. 이와 같이 진행된 구조조정에 의해 1998년부터 2008년까지 녹십자생명 등 4개사가 신설되고, 계약이전과 합병에 의해 15개사가 정리되어 생보사 수는 1997년 말 33개에서 2008년 말 22개로 감소하였다. 생보사의 구조조정 내역은 뒤의 표와 같다.

한편 손해보험업계에서는 외환위기 이후 비교적 타 금융권에 비

---

32 생명보험협회(2010)

해 크지 않은 범위에서의 구조조정이 이루어졌다. 우선 1998년 대한보증보험과 한국보증보험이 서울보증보험으로 통합하여 새롭게 출발하게 되었다. 두 개 보증회사가 통합된 서울보증보험에는 1998

생명보험회사의 구조조정 내역

회사명	구조조정 형태	구조조정 일자*	이전 또는 합병회사
국제생명	계약이전	1998.8.11.	삼성생명
BYC생명	계약이전	1998.8.11.	교보생명
태양생명	계약이전	1998.8.11.	흥국생명
고려생명	계약이전	1998.8.11.	제일생명
두원생명	계약이전	1999.12.2.	대한생명
조선생명	계약이전	2000.2.25.	현대생명
동아생명	계약이전	2000.4.28.	금호생명
태평양생명	계약이전	2000.6.23.	동양생명
국민생명	계약이전	2000.6.23.	SK생명
한덕생명	계약이전	2000.6.23.	SK생명
현대생명	계약이전	2001.4.13.	대한생명
삼신생명	계약이전	2001.4.13.	대한생명
대신생명	계약이전	2003.11.28.	녹십자생명
한일생명	계약이전	2004.5.28.	KB생명
카디프생명	자진철수(계약이전)	2005.3.25.	SH&C생명

* 구조조정 일자는 계약이전, 영업양수도, 합병 등의 인가 · 결정일
● 출처: 생명보험협회(2010)

년부터 2005년까지 수차례에 걸쳐 총 10조 원가량의 공적자금이 투입되었다. 일부 중소형 보험회사의 경우 회사 대주주가 변경되는 등 지배구조의 변화가 있었다.

1953년 설립된 해동화재는 2000년 3월에 영국의 투자금융회사인 리젠트 그룹에 인수되어 같은 해 6월에 리젠트화재로 사명을 변경하고 자구 노력을 기울였으나, 지급여력비율이 미달되어 2002년 12월 27일자로 보험사업 허가 취소 조치, 2003년 1월 22일자로 관할법원의 파산선고에 의해 결국 창립 이후 50년 만에 손해보험업계에서 퇴출되었다. 손해보험회사의 구조조정 내역은 뒤의 표와 같다.

일부 재벌그룹 계열 손해보험사는 그룹에서 분리되어 독자경영 체제로 전환을 하였다. 현대해상화재보험이 1999년 현대그룹에서 분리되었고, LG화재는 LG그룹에서 완전히 분리되어 2006년 4월에는 사명을 LIG손보로 바꾸었다. 신동아화재, 대한화재, 그린화재(구 국제화재), 흥국쌍용화재(구 고려화재, 쌍용화재), 제일화재 등도 2006년 6월까지 각각 지배구조의 변화 또는 대주주의 변동이 있었다. 신규 보험사의 진입도 있었는데, 교원나라가 2000년, 교보자동차보험이 2001년에 자동차보험 온라인 판매 전업사로 등장했고, 2003년 다음다이렉트도 인터넷을 통한 자동차보험 판매를 시작했다.

외환위기 이후 2000년대 중반까지 우리나라의 보험산업은 개방화 · 자율화의 세계적 조류 속에 경쟁 심화와 산업 재편의 시기를 거치면서 보험 선진화라는 중요한 변화를 겪는 시기였다.

손해보험회사 구조개편 내역(2006년 6월 기준)

회사명	구조조정 형태	일자	합병 또는 인수회사
대한보증, 한국보증	합병	1998.8	서울보증
릴라이언스	자진철수	2000.7	Reliance National Asia Re
비질란트	영업양수도	2000.9	페더럴
대한화재	매각	2001.12	대한시멘트
그린화재 (구 국제화재)	매각	2002.2	근화제약
흥국쌍용화재 (구 쌍용화재)	매각	2002.3	중앙제지, IVY 컨소시엄 등
	매각	2004.3	세창화학, 대유투자자문 등
	매각	2006.1	태광그룹(흥국생명)
리젠트화재	계약이전	2002.6	삼성화재 등 5개사
한국알리안츠화재	자진철수	2003.10	LG화재

• 출처: 손해보험협회(2006)

산업구조의 선진화

감독체계의 개편

1997년 6월 대통령 직속의 금융개혁위원회는 우리나라 금융감독제도의 전면적인 개편을 권고하였다. 금융감독에 대한 최고의결기관으로 금융감독위원회를 설치하고 그 산하기관으로 통합금융감독원 및 증권선물거래위원회, 그리고 통합예금보험기구를 구성하는 방안이 제시되었다. 1997년 12월 31일 제정된 '금융감독기구의설치등에관한법률'을 근거로 1998년 4월 1일 국무총리 소속으로 금융감독위원회가 설립되었다. 건전한 신용 질서 유지와 공정한 금융 거래 관행 확립, 예금자 등 금융수요자 보호를 목적으로 출범한 금융감독위원회는 금융기관 감독과 관련된 규정의 제정 및 개정, 금융기관의 경영과 관련된 인허가, 금융기관에 대한 검사·제재와 관련된 주요 사항 등에 대하여 심의·의결하는 합의제 행정기관이다.

1999년 1월 2일 금융감독위원회 산하의 중간감독기관으로 종전의 은행감독원, 보험감독원, 증권감독원 및 신용관리기금을 통합한 금융감독원이 설립되었다. 이로써 금융권역별 4개 감독기관 체제로 운영되어 오던 금융감독 체계가 하나로 통합되었다. 이후 2008년 2월 29일 '정부조직법' 개정으로 기획예산처와 재정경제부가 통합되어 기획재정부가 되고, 재정경제부의 금융정책기능이 금융감독위원회로 이관되면서 명칭이 금융위원회로 변경되었다. 이와 함께 금융정책기능과 감독집행기능의 구분 및 상호 견제와 균형을 확보하기 위해 금융위원회 위원장과 금융감독원 원장을 분리하여 임명하도록 하였다.

진입 규제 완화 및 업무 영역 완화

정부는 1995년 12월에 개최된 OECD 보험위원회에서 발표한 보험시장자유화계획에 따라 1997년 1월 1일부터 전면적인 해외보험 가입(cross-border)을 허용하고, 경제적수요심사제도(ENT: Economic Needs Test)를 폐지하기로 결정했다. 해외보험 가입이 허용되는 보험종목으로 ① 생명보험 전 종목, ② 여행보험, 선박보험, 장기상해보험 등 일부 손해보험 종목, ③ 3개 이상의 국내보험사업자로부터 가입이 거절된 보험계약 등이 추가되었다. 1997년 4월 19일에는 '보험회사 설립허가기준'을 제정하여 기존의 ENT를 폐지하였다. 이로써 그동안 외국보험사에서 요구해 온 국내 보험시장의 진입 규제의 객관성과 투명성을 확보할 수 있게 되었다.

1997년 6월 금융개혁위원회는 2차 금융개혁보고서에서 생·손보 간 업무 영역 조정과 관련하여 상해보험·질병보험·장기간병보험의 생·손보 겸영의 허용을 권고하였고, 이를 반영하여 재경원은 7월 '상품관리규정'을 개정하였다. 이에 따라 종전에는 생보의 상해보험, 손보의 질병보험은 부가계약으로만 취급할 수 있었지만, 상품관리규정의 개정으로 생·손보 모두 상해보험과 질병보험을 주계약으로 취급할 수 있게 되었다. 2003년 보험업법 전면개정 시에는 생·손보 간 합의를 통해 생보의 경우 제3보험 상품에 대한 실손

Cross-border 허용 종목

1993년 이전	1995년	1997년
수출적하보험	수입적하보험 항공보험 국내에 없는 종목	해외여행보험 장기상해보험 선박보험 생명보험 전 종목

• 출처: 손해보험협회(2006)

보험 속의 경제학

보상을 허용하였으며, 손보의 경우에는 제3보험에 대한 만기 제한 15년을 폐지하고 질병사망특약의 만기를 80세로 하여 '보험업법시행령'에 반영하였다.

2000년 8월 규제개혁위원회의 권고에 따라 2003년 8월 30일부터 은행, 증권사 등 금융기관이 보험대리점 또는 보험중개사 자격으로 보험상품의 판매를 대행하는 방카슈랑스 제도가 시행되었다. 당시 금융기관의 우월적 지위 남용 방지와 건전한 모집 질서 유지를 위해 많은 규제가 신설되었으나, 은행을 통한 보험판매는 그 규모와 영향력으로 인해 보험업계에 엄청난 파급 효과를 가져왔다. 방카슈랑스 도입에 따른 설계사의 생산성 하락과 소득 감소를 방지하기 위해 교차모집제도가 2008년 8월 30일부터 도입·시행되어 생보설계사는 1개 손보사, 손보설계사는 1개 생보사의 설계사가 될 수 있도록 허용되었다.

보험 경영의 선진화: 경영지배구조 개선

1998년 2월 정부와 재계의 합의에 따라 외환위기 극복의 4대 개혁 과제 중 하나인 기업구조조정의 일환으로 기업지배구조 개선 방안이 포함되고, 1999년 3월에는 한국기업지배구조개선위원회가 출범하여 기업지배구조모범규약을 제정하게 되었다.

같은 해 9월에는 '제2금융권 금융기관의 지배구조개선 및 경영건전성 강화방안'을 확정하고, 2000년 1월 보험업법 등 금융관련법령이 개정되어 ① 총자산 2조 원 이상의 보험사에 대해 사외이사제도(이사회의 2분의 1 이상을 사외이사로 구성)와 감사위원회제도의 도입을 의무화하고, ② 모든 보험사에 대해 준법감시인제도를 도입하며, ③ 소수 주주권 행사 요건을 상장기업의 2분의 1 수준(지분 0.005%)으로 완화하였다.

지급여력제도 및 리스크관리의 선진화

보험시장 개방, 보험가격자유화의 실시, 자산 운용의 규제 완화, 경제·금융환경의 변화 등 보험산업의 환경 변화에 따라 보험사의 재무건전성이 악화될 가능성이 높아지면서 보험계약자 보호를 위한 지급여력제도의 필요성이 제기되었다. 감독당국은 예측 불가능한 리스크에 대응할 수 있도록 보험회사가 책임준비금 이외에 별도의 여유 자금을 확보하도록 하는 지급여력제도를 도입하였다. 최초의 재무건전성 확보를 위한 제도는 1981년에 제정된 '경영효율화 지침'이며, 자기자본의 충실화, 보험계약준비금의 충실화, 적정배당 실시로 사내유보 촉진 등을 포함하고 있다.

지급여력제도가 선진화된 골격을 갖추게 된 것은 부실보험사에 대한 1차 구조조정이 이루어진 1998년 하반기 이후부터 논의되어 1999년 5월 '보험업감독규정'을 개정하여 EU 방식의 지급여력제도가 도입되면서부터이다. 보험회사는 EU 수준의 지급여력을 보유하되, 지급여력기준은 향후 5년간에 걸쳐 6개월마다 단계적으로 상향

조정하도록 하였다. EU 방식의 지급여력제도는 보험회사의 자본적 정성을 측정하는 척도로서 지급여력비율이 100% 이상 유지될 것을 요구하고 있다.

지급여력비율 산출에 있어서 분자에 해당하는 지급여력금액은 보험회사의 예기치 않은 미래의 손실 발생에 대한 충격 흡수 기능을 가지는 순자산에 해당하는 것으로, 보험회사가 책임준비금 이외에 보유하고 있는 잉여금 항목 등으로 구성되어 있다. 분모에 해당하는 지급여력기준금액은 시장리스크, 금리리스크, 보험리스크 등 각종 리스크를 경험통계 및 위험도 등을 참작하여 합리적으로 산출한 금액으로서 보험회사가 보유해야 할 적정잉여금을 의미한다. 지급여력비율이 100% 미만인 보험회사는 적기시정조치의 대상이 된다(뒤의 표 참조).

외환위기 이후 부실금융기관들에 대한 구조조정 과정에서 일부 금융기관들의 누적된 경영 부실이 드러나면서 금융기관에 대한 경영평가제도의 전면 개편이 추진되었다. 새로운 경영실태평가제도는 기존의 경영실태평가제도와는 달리 지급여력 및 자산건전성 부문을 중점적으로 평가하도록 하였으며, 보고서 위주의 평가 방식을 지양하고 정기검사와 연계한 현장검사와 함께 평가 결과는 비공개하되 적기시정조치는 할 수 있도록 하였다.

이 제도는 1년간의 시범 적용 기간을 거쳐 2000년 1월 1일부터 실제 적용하도록 하였는데, 2000년 9월 외국보험사의 국내지점에

보험회사 경영실태에 따른 단계별 적기시정조치

구 분	요 건	조 치
경영개선 권고	• 지급여력비율이 50% 이상 100% 　미만 • 경영실태평가 결과 종합등급이 3등 　급 이상으로서 지급여력 또는 자산 　건전성 부문의 평가등급이 4등급 　이하 등	• 자본금 증액 또는 감액 • 인력 및 조직운영의 개선 등
경영개선 요구	• 지급여력비율이 0% 이상 50% 　미만 • 경영실태평가 결과 종합평가등급이 　4등급 이하 등	• 점포의 폐쇄 통합 또는 신설 제한 • 보험사업 일부정지 등
경영개선 명령	• 지급여력비율이 0% 미만 • 금융산업의 구조 개선에 관한 법률 　상 부실금융기관에 해당하는 경우 　국내에 없는 종목	• 주식 소각 • 제3자에 의한 당해 보험사업의 인 　수 등

도 동일하게 적용하여 보험계약자 보호를 강화하였으며, 2003년 9
월에는 자산건전성 평가 부문에 대한 대손충당금 적립률 지표를 추
가하였다.

　이후 리스크 중심의 예방적·선제적 감독의 중요성이 대두되면
서 미국, 일본 등의 제도를 참고하여 국내 현실에 맞게 조정하여 위
험기준자기자본(RBC)제도를 2009년 4월부터 시행하였다. 2007년
4월부터는 보험회사 경영활동에 수반되는 리스크를 체계적이고 종
합적으로 평가하여 취약 회사 및 취약 부문을 발굴하고, 이를 감독
및 검사 업무에 활용하는 '리스크평가제도(RAAS)'를 시행하였다.

선진화 항목	주요 내용
감독체계의 개편	• 금융감독위원회 설치(1998.4.1) → 금융위원회로 개편(2008.2.29) • 금융감독원 설립(1999.1.2): 은행, 보험, 증권 통합감독기구
진입 규제 완화	• 경제적수요심사제도(ENT) 폐지(1997.1.1) • 해외보험 가입(cross-border) 허용(1997.1.1)
업무 영역 완화	• 제3보험 생·손보 겸영 및 실손·만기제한 완화(2003) • 방카슈랑스 단계적 시행(2003.8.30)
경영지배구조 개선	• 사외이사제도 도입(2000.1) • 준법감시인제도(2000.1) • 소수주주권 행사요건 완화(2000.1)
지급여력제도 선진화	• EU 방식의 지급여력제도 단계적 도입(1999.5) • 후에 위험기준자기자본(RBC)제도로 전환 시행(2009.4)
리스크관리 선진화	• 경영실태평가제도 개편 시행(2000.1.1) • 리스크평가제도(RAAS) 시행(2007.4)

정부 정책과 보험사 경영전략의 평가

1990년대 중반까지 안정적인 경제성장을 달성해 오던 우리나라 경제는 국내외 경제 여건의 급속한 악화로 외환 유동성 위기 사태에 몰려 국제통화기금(IMF)에 구제금융을 신청하는 등 최대의 위기에 직면하게 되었다. 정부가 사활을 걸고 추진한 경제구조 개혁에 따라 보험업계도 불가피하게 강력한 구조조정을 진행할 수밖에 없었으며, 이러한 경영 개선 노력으로 외환위기를 극복하고 보험산업의 구조를 선진화하는 계기가 되었다.

IMF 관리체제 진입 이후 보험업계는 단기간 동안 많은 변화를 겪게 되었다. 1998년 보험업법 대폭 개정에 이어 2003년에 보험업법 전면개정이 이루어졌다. 규제감독에 있어서는 금융감독위원회와 금융감독원이 출범하고 지급여력제도가 강화되었으며 경영실태평가제도가 도입되었다. 이 시기에는 제3보험의 손·생보 겸영 허가, 인허가 지침의 변화와 신규 보험사의 설립 규제 완화, 방카슈랑스의 단계적 허용, 보험중개인제도의 개편 등 모집 체계의 변화, 온라인 전업사의 출현 등 직판체제의 본격 도입을 포함하여 제도 변화 측면에서 주목할 만한 일들이 있었다.[33]

이 시기에 대표적인 정부정책의 실패 사례이며 구조조정의 성공 사례인 보증보험산업에 대하여 알아보자. 보증보험산업은 1969년 대한보증보험 설립과 1989년 한국보증보험 설립으로 양사의 경쟁 체제가 유지되었으나, 무분별한 외형 경쟁으로 부실이 심화되었다. 보증보험사는 당시 대부분의 금융기관이 그랬듯이 정부주도형으로 설립되어 정부 관료들에 의해 운영되다가 외환위기를 맞아 속수무책으로 무너진 것이다.

국내 은행이 관치금융의 최전방에서 혹은 정치권이 요구하는 대로 자금 배분의 역할을 하다가 부실화되었듯이, 정부가 소유한 보증보험사 역시 시장에서 효율적인 자원 배분을 하기에는 역부족이

---

33 본서 제1부 제5장의 내용 인용

었다. 보증보험은 양사가 경쟁하는 이원화의 겉모습은 갖추었으나, 보증 자원이 정부의 입김에 따라 정략적으로 배분되면서 경영 부실과 정부실패의 문제를 잉태하게 되었다.

한국개발연구원(KDI)이 외환위기 직후 발표한 보고서[34]에서도 국내 금융기관을 초토화해 버린 경제위기의 근본적 원인을 우리나라가 시장경제 체제를 올바로 정립하지 못하고, 정부 주도의 경제 운영하에서 권위주의적 통제 및 가부장적 보호를 두 축으로 하는 관치경제가 지속되어 경제적·사회적 폐해(부정, 부패, 비리, 도덕적 해이 등)가 누적되어 왔기 때문이라고 분석하였다. 이처럼 보증보험사들의 실패 사례는 외환위기 시에 나타난 대표적인 정부정책 실패의 결과라 할 수 있다.

반면에 서울보증의 자구 노력과 구조조정으로 정상화가 된 것은 대표적인 경영전략의 성공 사례라 할 것이다. 대한보증과 한국보증의 합병사로 1998년 11월 25일 출발한 서울보증은 조직과 인원의 50% 이상 감축과 직원 급여의 30% 삭감 등 회생을 위한 자구 노력을 하였고, 유동성 위기 상태에서 벗어나 흑자 기업으로 전환하게 되었다. 자체적으로 창출한 수익으로 자산관리공사에서 받은 공적 자금 2조 310억 원을 5년 만에 전액 상환한 것은 강력한 구조조정

---

34 한국개발연구원, 경제위기 극복과 구조조정을 위한 종합대책(1998년 4월)

서울보증의 순이익 및 건전성 지표

주요 재무비율		1998년 (출범 당시)	2004년	2010년
당기 순이익		−18,180	5,196	7,615*
재무 건전성	지급여력액	−21,554	14,696	30,862
	법적기준액	2,709	1,383	1,934
	지급여력비율(%)**	−795.6	1,063.0	1,596.0
상품 수익성	경과보험료[35]	6,784	7,152	9,890
	발생손해액	20,731	1,953	1,080
	경과손해율(%)***	305.6	27.3	10.9****

● 출처: 한국보험학회(2014)
* 삼성차 소송 관련(삼성생명 상장) 당기순이익 효과 3,040억 원 포함
** 지급여력비율(%) = (지급여력금액÷법적기준액) x 100
*** 경과손해율(%) = (발생손해액÷경과보험료) x 100
**** 삼성차를 제외하면 발생손해액이 3,610억 원 증가하여 경과손해율은 47.4%임

과 건실한 경영으로 어려움을 극복할 수 있다는 사실을 보여 준 모범적인 사례라 하겠다. 은행, 투신 등 거액의 공적자금을 받은 금융회사들이 원금조차 제대로 상황하지 못하고 있던 상황이라서 이례적인 모범 사례이다.[36]

---

35 보험료를 가입 시점에 일시에 납입하는 손해보험계약을 체결한 경우 가입 시점으로부터 경과한 보험 기간에 해당하는 보험료를 의미한다.
36 한국보험학회 (2014), 보험경영의 어제와 오늘, 제10장 참조

서울보증 사례를 경영전략 측면에서 보면 과감한 구조조정, 채권 회수에 집중, 상품포트폴리오의 재구성으로 보유 위험의 안정화, 그리고 리스크관리 중심의 경영이 주효했다고 평가할 수 있다. 특히 리스크의 체계적 관리를 위하여 각 부문별 리스크관리시스템을 구축하였고, 나아가서는 부문별 리스크를 통합한 전사리스크관리 (ERM) 체계를 구축하였다. 또한 서울보증은 리스크관리의 출발점인 보증심사를 강화하여 손해율 개선과 영업수지 흑자를 실현하였다(앞의 표 참조).

6장

글로벌
금융위기 이후
(2008년~현재: 위기 극복과 질적 성장)

2007년 4월 27일	금융감독위원회의 거래소 유가증권시장 상장규정 개정 승인
2008년 9월	미국의 투자은행인 리먼 브라더스 파산보호 신청을 신호로 글로벌 금융위기에 진입
2009년 4월	위험기준자기자본(RBC) 제도 시행
2009년 10월 8일	국내 최초로 동양생명 주식 거래소에 상장
2014년 7월	재무건전성 제도 선진화 종합 로드맵 발표
2016년 1월	세계경제포럼(WEF)에서 제4차 산업혁명이란 용어가 주창(主唱)됨
2018년 3월	핀테크 혁신 활성화 방안 발표

　2000년대 중반 이후 지속된 세계적인 저금리 기조로 인한 국제유

동성 증가는 훗날 글로벌 금융위기의 중요한 원인으로 작용한 부동산 가격 급등 등 자산 버블의 매개 역할을 했다. 특히 감독 및 평가 체계의 미흡으로 자기 통제력을 상실한 주요국들의 금융시스템과, 리스크에 대한 고려가 미흡한 다양한 파생상품들의 대량생산은 자산 버블의 촉매제로 작용했다. 이처럼 내실에 기반하지 않은 자산의 버블은 결국 붕괴로 이어졌고, 이와 연관된 많은 금융기관들이 부실화되거나 파산하면서 글로벌 금융위기가 초래된 것이다.

금융위기 진행 과정을 살펴보면, 미국 서브프라임 모기지(subprime mortgage) 사태에서 시작된 금융 불안이 2008년 9월 리먼 브라더스(Lehman Brothers) 파산보호 신청을 계기로 최고조에 달했다. 이러한 금융 불안은 미래에 대한 불확실성을 높여 소비 위축 등 실물 부문으로 빠르게 전이되어, 결국 글로벌 금융·경제 위기를 초래한 것이다. 즉, 세계적 투자은행들의 파산 사태로 인한 신용 경색과 자산가격 급락 등 금융 불안으로 선진국의 투자 및 소비가 급랭했고, 이는 무역신용의 급격한 위축과 함께 곧바로 신흥시장국의 수출 급감으로 이어져 세계 경제가 동반 침체하는 상황이 된 것이다. 우리나라도 여느 국가들처럼 글로벌 금융·경제 위기에서 자유롭지 못했다.

미국 서브프라임 모기지 부실에 의해 촉발된 금융위기는 금융기관들의 디레버리징(de-leveraging: 차입 축소)을 유발하였다. 이로 인해 국제 금융기관들이 자본 확충을 통해 자산건전성을 제고하기 위해 국내에 투자한 증권을 매도해 자본을 회수하는 과정에서 우리나라의 경제위기가 시작됐다. 주가가 폭락하고 외환시장은 불안한 모습을 보였다. 해외자본이 국내에서 빠르게 빠져나가고, 우리나라 상품의 수요 기반인 미국 등 선진국 시장이 급격히 위축되면서 수출이 급감해 성장률 하락과 큰 폭의 고용 감소가 나타나는 등 본격적인 위기가 시작되었던 것이다.

1997년 외환위기를 경험하고 강도 높은 구조조정을 단행해 온 우리 경제임에도 불구하고, 글로벌 금융위기에 다시 한번 취약성이 노출되는 상황이 되었다. 금융위기가 발생한 지 수개월도 안 되어 원/달러 환율은 1,100원대에서 1,400원대로 급등했고, 코스피 지수도 1,400p대에서 1,100p대로 급락했다. 수출도 2009년 1분기에 25%나 줄었고, 수입 역시 같은 기간에 30% 이상 급감했다.

그런데 글로벌 금융위기는 10년 전 우리 경제가 경험했던 외환위기 상황과 상당히 다르다. 외환위기 때는 우리나라를 포함해 몇몇 국가들만 경제위기를 겪고, 미국을 포함한 세계경제 상황은 비교적 양호한 상태였다. 그래서 수출 증대와 같은 정책이 매우 유용한 위기 극복 전략이었다. 당시 국민과 기업들이 많은 어려움을 겪기는 했어도 양호한 세계 경제 여건에 따른 수출 호조 등으로 경제위기를 조기에 극복할 수 있었다. 즉, 미국 등 선진국 시장이 정상적인 상태였기 때문에 급등했던 원/달러 환율이 수출 증가 효과를 발휘해

보험 속의 경제학

고갈되고 있던 외환을 확충하는 데 큰 도움이 되었던 것이다.[37]

글로벌 금융위기는 투자리스크 관리를 포함한 보험사의 전사적 리스크관리(ERM: Enterprise Risk Management) 시스템 구축의 중요성을 일깨워 주는 계기가 되었다. 왜냐하면 ERM 시스템을 구축하고 이를 효율적으로 활용한 보험사의 경우 금융위기의 예봉을 피해 갈 수 있었던 것으로 조사되었기 때문이다.[38] 한편 AIG 부실 사태를 포함한 글로벌 금융위기는 은행뿐 아니라 보험회사도 시스템리스크[39]에서 더 이상 자유롭지 못함을 보여 주었으며, 이러한 시스템리스크 노출 가능성에 대비한 규제감독의 역량 제고가 필요함을 일깨워 주었다.[40]

생명보험회사 상장(上場)

2000년대로 넘어가면서 외환위기로 인한 '뼈를 깎는'[41] 구조조정이 지속되었고, 보험산업도 예외는 아니었던 것을 앞의 4장을 통해

---

37 한국개발연구원(2010) 참조

38 Best' Review (2009) 참조

39 시스템리스크(systemic risk)란 외부충격이 금융시스템 기능의 부분 또는 전체 장애를 야기하여 금융중개 행위가 마비되고 이로 인해 실물경제에 심각하게 부정적 영향을 줄 수 있는 리스크를 말한다. 시스템리스크는 시장의 실패 또는 부정적 외부효과로 인하여 발생한다.

40 이석호(2009) 참조

41 뼈를 깎는다는 표현은 각기삭골(刻肌削骨)이란 사자성어에서 나온 말로서 '살을 에고 뼈를 깎는다'는 뜻으로 고통이 극심함을 이르는 말이다.

생보사 상장 논의 변천 과정

선진화 항목	주요 내용
1989.4	교보생명, 기업공개를 전제로 자산재평가 실시
1990.2	삼성생명, 기업공개를 전제로 자산재평가 실시
1990.8	재무부, '생명보험회사의 잉여금 및 재평가적립금 처리지침' 제정
1990.9	재무부, 재평가적립금 처분 및 자본금 증액 승인
1990.12	재무부, 기업공개 보류 결정
1999.8	금융연구원 및 보험학회, 각각 생보사 상장관련 1차 공청회 및 세미나 개최
1999.9	생명보험회사 상장자문위원회 구성
1999.12	금융연구원 및 보험학회, 각각 2차 공청회 및 세미나 개최
2000.12	생명보험회사 상장 논의 유보
2001.12	재경부, 자산재평가 특례적용기간 재연장 (삼성생명 및 교보생명 모두 2003.12월 말 기한)
2003.6	생명보험회사 상장자문위원회 구성
2003.10	생명보험회사 상장 논의 유보
2004.1	국세청, 삼성생명과 교보생명의 자산재평가차익에 대한 법인세 부과 (삼성 3,357억 원, 교보 2,360억 원)
2006.2	증권선물거래소, 생보사 상장자문위원회 구성
2006.7.13	생보사 상장자문위원회, 공청회 개최
2007.1.5	생보사 상장자문위원회, 최종입장 발표
2007.3.5	국회 재정경제위원회, 공청회 개최
2007.4.11	증권선물거래소, 유가증권시장상장규정 개정(안) 금감위 제출
2007.4.23	금감위·금감원, 국회 정무위 생보사 상장관련 현안보고
2007.4.27	금감위, 유가증권시장상장규정 개정(안) 승인

● 출처: 생명보험협회(2010)

서 알 수 있다. 미국발 글로벌 금융위기가 시작될 즈음에 우리 생명
보험 업계에는 중요한 변화가 있었다. 2007년 4월 27일 금융감독위
원회의 거래소 유가증권시장 상장규정 개정(안) 승인을 통한 생보사
상장의 허용이 그중 하나이다. 1988년부터 시작된 상장 논의는 두
차례 금융감독원과 한 차례 증권거래소 내에 상장자문위원회를 설
치하여 상장 안을 마련하고 공청회 등을 거치며 2007년에 이르러서
야 결실을 보게 되었다.

이러한 상장 절차가 모두 마무리되어 2009년 10월 8일 우리나라
에 생명보험회사가 태동한 지 89년 만에 국내 생보사 중 최초로 동
양생명이 거래소에 상장을 하였다. 생명보험회사의 상장을 어떻게
볼 것인지는 이해당사자들의 관점에 따라 서로 이해충돌[42]이 있을
수 있다. 그렇기 때문에 20년이 걸려서야 문이 열리게 된 것이 아닐
까 짐작해 볼 수 있다. 당시 주무부처 수장이었던 윤증현 전 금융감
독위원장은 이러한 공로를 인정받아 2008년 제3회 대산보험대상[43]
을 수상하였다.

---

[42] 보험소비자연맹과 참여연대, 경제개혁연대, 경제정의실천시민연합 등 4개 시민단체는 '생보사 상
장 계약자 공동대책위원회'를 결성하고 "상장자문위의 상장안이 지극히 업계 편향적"이라며 자
문위 재구성과 새 상장안 마련을 요구해 왔다. 대책위 정성일 위원장은 "계약자 '몫'을 인정하지
않는 생보사 상장자문위원회의 상장안을 수용할 수 없다."고 말했다(연합뉴스, 2007.2.8).

[43] 대산보험대상은 고 신용호 교보생명 창립자의 정신을 계승·발전시키기 위해 2006년 '대산신용
호기념사업회'가 제정했다.

보험회사 재무건전성 제도 선진화

금융당국은 보험회사의 재무건전성을 강화하고 감독제도를 선진화하기 위한 제도 개선을 지속적으로 추진해 왔다. 유럽(EU)식 지급여력제도가 1999년 5월 도입되었고, 그로부터 10년 후인 2009년 5월에는 리스크를 감안한 건전성 제도인 RBC(Risk-Based Capital) 제도를 도입하여 사용해 왔다. 2008년 시작된 글로벌 금융위기 과정에서 대형 금융회사의 연쇄파산 등으로 금융회사의 건전성 감독 강화에 대한 국제적 공감대가 확산되었다. 그 결과 EU는 새로운 건전성 감독제도인 솔벤시(Solvency)Ⅱ를 2016년 도입하였고, 미국은 지급여력제도를 2015년에 전면 개편하였다.

재무건전성 제도의 선진화 방향은 첫째, 금융소비자 보호를 강화하기 위한 건전성 제도의 개선이다. 보험회사의 건전성 지표 기준을 강화하고, 리스크의 측정 방식을 정교화하며, 고령화 추세를 반영하여 장수리스크를 RBC 산출 시 반영하는 것이 이에 속한다. 둘째, 국제적 정합성을 높이기 위한 자기자본 제도의 개선이다. 보험회사의 RBC 비율 산출 시 자(子)회사의 리스크도 반영될 수 있도록 연결 RBC 제도를 시행하고, RBC 비율 산출 시 법규에 따른 '표준방법'과 함께 자체 통계에 근거한 '내부모형법'도 사용하도록 하며, 보험회사의 자체적인 리스크관리 수준·체계에 대한 질적 규제 (ORSA: Own Risk and Solvency Assessment)[44] 도입을 포함한다. 셋째, 보험부채(책임준비금)[45]를 합리적으로 평가·반영하기 위한 제도의 개선이다. 국제회계기준 도입에 대비하여 보험부채 적정성 평가 기준을 단계적으로 개선하며, 미보고발생손해액[46] 산출 기준을 명확히 하는 것을 포함하고 있다.

이와 같은 재무건전성 제도의 선진화는 국제적 정합성 및 대외 신인도를 높이는 효과를 기대하며, 보험회사의 자본 확충 및 재무건전성 강화가 이루어짐으로써 보험계약자에 대한 보험금 지급이 차질없이 행해져 보험소비자 보호에 기여할 것으로 기대된다.

제4차 산업혁명과 금융혁신

'제4차 산업혁명'이란 2016년 클라우스 슈와브(Klaus Schwab)가 의장으로 있는 세계경제포럼(World Economic Forum: WEF)에서 주창된 용어이다. 제4차 산업혁명은 물리적 · 생물학적 · 디지털적 세계를 빅데이터에 입각해서 통합시키고 경제 및 산업 등 모든 분야에 영향을 미치는 다양한 신기술로 설명될 수 있다. 물리적인 세계와 디지털적인 세계의 통합은 O2O[47]를 통해 수행되고, 생물학적 세계

---

44 Own Risk and Solvency Assessment(ORSA)는 보험회사가 자체 리스크관리의 적정성과 현재 및 미래의 재무건전성을 평가하는 절차를 의미한다.
45 책임준비금이란 보험회사의 보험계약상 보험금 지급 책임, 즉 미래의 지급보험금, 환급금, 계약자 배당금 등 계약자에게 지급해야 할 부채를 의미한다.
46 미보고발생손해액은 보험사고가 발생했으나 보험회사에 보고되지 않은 보험금에 대한 향후 지급 준비금을 추정한 금액을 의미한다.
47 'Online to Offline'의 앞 글자를 따온 것으로, 온라인과 오프라인이 결합하는 현상을 의미한다.

에서는 인체의 정보를 디지털 세계에 접목하는 기술인 스마트 워치나 스마트 밴드를 이용하여 모바일 헬스케어를 구현할 수 있다.

제4차 산업혁명은 로봇공학, 인공지능, 나노기술, 양자프로그래밍, 생명공학, 사물인터넷(IoT), 3D 인쇄 및 자율주행 차량을 비롯한 여러 분야에서 새로운 기술 혁신으로 나타나고 있다. 제4차 산업혁명은 연결, 탈중앙화와 분권, 공유와 개방을 통한 맞춤 시대의 지능화 세계를 지향한다.

이 지능화 세계를 구축하기 위해 빅데이터, 인공지능, 블록체인 등의 여러 가지 기술들이 동원된다. 맞춤 시대의 지능화를 위해 현실세계의 모든 내용을 가상세계로 연결한 다음, 가상세계에서 빅데이터와 인공지능 분석을 통해 예측과 맞춤을 예상하고 이를 현실세계에 적용하도록 한다.

금융혁신과 핀테크 활성화

전 세계적으로 4차 산업혁명으로 인한 산업 구조와 지형의 변화가 예상되는 가운데, 신기술과의 융합이 용이하고 혁신의 속도가 빠른 금융의 구조 변화가 급속히 진행 중이다. 이에 효과적으로 대응하기 위해서는 보다 적극적인 혁신 전략이 필요함에 따라 정부는 핀테크 활성화와 금융혁신을 통해 우리 경제의 혁신 성장을 뒷받침하고자 2018년 3월 '핀테크 혁신 활성화 방안'을 공표하였다.

이는 핀테크 활성화를 통해 금융산업에 긴장과 경쟁을 불러일으켜 소비자 중심의 금융을 구현하고 좋은 일자리를 창출하고자 하는 것을 목적으로 하고 있다. 이를 위해 혁신적인 금융서비스의 실험과 검증을 지원하고, 자본시장의 핀테크 활성화와 인슈어테크 도입을 촉진하며, 모바일 간편결제 등 핀테크 시장을 확대하며, 핀테크 혁신 리스크의 대응 체계를 강화하는 것을 포함하고 있다.

핀테크(Fintech)와 인슈어테크(Insurtech)[48]

핀테크란 금융(finance)과 기술(technology)의 합성어로 빅데이터, 인공지능, 사물인터넷 등의 기술을 기반으로 한 새로운 금융서비스를 말한다. 핀테크란 용어가 등장한 지는 꽤 되었으나, 4차 산업혁명의 흐름에 따라 기존의 전통적 핀테크와는 조금 다르게 발전하고 있다.

전통적 핀테크가 기존 제도 내에서 금융서비스를 효율적으로 개선하는 것인 반면, 최근의 핀테크는 기존의 금융기관을 우회하거나 기술을 통하여 소비자의 새로운 금융 수요를 충족하는 형태로 나타나고 있다.

핀테크의 사업 영역은 지급결제로부터 금융데이터 분석, 금융소프트웨어, 플랫폼 등 금융의 거의 모든 영역에서 핀테크 혁명이 진

---

48 박소정·박지윤(2017) 참조

행되고 있다. 2000년대 초반 인터넷 보급이 확산되면서 전자상거래 시장이 급속도로 확대되었고, 온라인 지급결제 서비스가 발달하게 되었다.

그 후 스마트폰 시장이 급성장하면서 모바일 결제 시장 규모도 확대되었다. 이것이 최근 핀테크 발전의 시발점이 되었다. 금융과 IT의 결합이라는 특성으로 인하여 기존의 IT대기업들도 금융업으로 진출하는 계기가 되었다. IT기업의 금융업 진출은 대체로 지급결제로 소비자들을 자신의 플랫폼으로 끌어들인 후, 이를 기반으로 부

기존의 IT 적용 기술과 새로운 핀테크·인슈어테크 비교

구분	기존 기술	핀테크	인슈어테크
목적	• 기존 금융서비스의 효율적 개선(대형 IT기업, 조력자 역할)	• 기존 금융기관을 우회하거나 기술 통해 소비자의 새로운 금융서비스 수요 충족(스타트업)	
주요 기업	• IBM(IT 솔루션) • SunGuard(금융소프트웨어) • Infosys(IT 하드웨어) • FirstData(결제처리 솔루션)	• Paypal(지급결제) • Kickstarter (크라우드펀딩) • Lending Club (P2P 대출) • TransferWiser (외화 송금)	• 스타트업 • 보험사
인프라	• 기존 금융인프라 유지, 보수, 단순 지원 업무	• 기존 인프라를 그대로 사용하거나 완전 대체	
수익 모델	• 거래비용 절감, 라이센스 비용	• 기본적 수익 외에 광고, 데이터 판매 등 다양한 수익 기반 보유	

• 출처: 박소정 · 박지윤(2017)

가가치가 높은 서비스를 확대하는 방향으로 진행해 왔다.

초기에 지급결제 시장을 중심으로 성장했던 핀테크는 개인자산 관리, 인터넷전문은행, 보험 등 부가가치가 큰 시장으로 이동해 오고 있으며, 이러한 흐름 속에 보수적이었던 보험업에도 혁신의 물꼬가 트이고 있다. 그리하여 보험(insurance)과 기술(technology)의 합성어인 인슈어테크(insurtech)란 용어가 생겨났다. 인슈어테크에 적용되는 기술이 기존에 적용되던 기술과 다른 점은 단순히 업무의 효율성을 높이는 기술이 아닌 사업모델 자체를 바꿀 수 있는 기술이라는 것이다. 핀테크나 인슈어테크의 개념에 생태계라는 단어를 볼 수 있는데, 이는 소비자, 금융기관, 정부기관 전반에 걸쳐 모든 시장 참여자에게 근본적이고 포괄적인 금융업 자체의 개념 변화라고 보기 때문이다.

제4차 산업혁명으로 가장 빠르게 변화할 금융회사는 은행이지만, 가장 파괴적인 변화는 보험산업에서 일어날 것이라고 예측하고 있다. 채널의 변화 및 사물인터넷 기술 등으로 보험계약의 속성이 재정의되고, 보험회사 가치사슬의 일부는 분화하여 분리(unbundling)될 가능성이 높다. 계속되는 혁신이 보험의 생태계를 어떻게 변화시킬지 규제당국, 기존의 보험회사, 새로운 시장 진입자가 함께 협력하여 대응해야 할 필요가 있다.

기술의 역사[49]와 보험의 미래

선사 시대

- 신석기 혁명 · 석기 시대 · 청동기 시대 · 철기 시대

고대 시대

- 그리스와 로마

고전후 시대(post-classical era)[50]

- 중세 기술사 · 르네상스 기술사

근현대 시대

제1차 산업혁명

제2차 산업혁명 · 원자시대 · 제트시대 · 우주시대

제3차 산업혁명 · 정보화시대

제4차 산업혁명

기술의 역사는 선사 시대부터 최근 제4차 산업혁명의 시대에 이

---

49 위키백과 참조

50 고대와 근대 사이를 일컬음

보험 속의 경제학

르기까지 지속적으로 발전되어 왔다. 보험의 역사도 고대 시대, 근현대 시대에서 제4차 산업혁명의 시대에까지 이어져 왔다. 사물인터넷과 인공지능 기술, 빅데이터 분석 등을 활용하여 상품 개발부터 판매 및 언더라이팅, 고객서비스 등에 이르기까지 이러한 디지털 기술을 적용하고 잘 적응하여야 보험산업의 미래가 있을 것이다. 보험의 역사는 이러한 환경의 변화와 새로운 기술의 접목이 얼마나 잘 이루어지는가에 따라 성장과 침체의 기로에 서게 될 것이다.

2부

한국의
경제발전과
보험의 역할

보험업과 경제성장은 서로 영향을 주고받으면서 양립(兩立)한다. 보험업은 보험제도를 운영하는 과정에서 발생하는 경제적 편익을 통해 GDP나 물가 등 국민경제에 영향을 미친다. 특히 보험업은 물가를 안정시키고 실업률을 떨어뜨리는 기능을 하는 것으로 밝혀졌다.[51]

반면에 GDP나 물가, 금리 등 국민경제 변수들은 보험업 성장에 크나큰 영향을 미친다. 예컨대, GDP의 증대는 개인의 가처분소득과 위험에 대한 보장의 필요성을 높여 보험신계약을 확대시키는 효과를 가져온다. 이렇듯 보험업은 경제성장을 견인하는 한편, 경제가 성장할수록 보험업이 커지는 상호 인과적 관계를 맺고 있다.

---

[51] 남상욱(2006) 참조

1장

경제성장에 있어서 보험의 역할

금융의 역할과 경제성장

금융의 역할과 경제성장의 관계에 대해서는 많은 논쟁이 있어 왔다. 금융이 경제성장에서 적극적인 역할을 한다고 주장하는 학자들이 있는 반면[52], 기업이 앞서 가면 금융이 뒤따른다고 하여 금융의 소극적인 역할을 주장하거나[53], 경제성장에서 금융의 역할을 과장

---

[52] 예를 들면, Bagehot(1873), Schumpeter(1912), Hicks(1969)

[53] Robinson(1952)

하고 있다고 부정적으로 평가한 학자도 있다.[54] 그러므로 금융이 긍정적 기능들을 적절히 수행하며 실제 경제성장을 촉진해 왔는지는 실증분석을 통하여 확인할 필요가 있다.

실증분석은 국가 간, 산업 간, 기업 간 분석뿐만 아니라 사례연구까지 다양하게 진행돼 왔다.[55] 기존의 연구들을 보면 분석에 따라 다소 차이가 있긴 하나, 금융의 주요 역할인 주식시장의 활성화 정도와 은행신용은 총요소생산성[56] 확대를 통하여 경제성장에 긍정적 영향을 주며, 외부자금의 이용 가능성 확대도 금융제약을 완화함으로써 경제성장에 도움을 준 것으로 평가하고 있다.

금융발전과 경제성장의 관계에 대한 분석은 지난 40여 년 동안 거시금융 분야에서 가장 활발하게 연구되어 온 영역 중의 하나이지만 아직 이론적으로나 실증적으로 많은 의문점과 문제점을 남겨 두고 있다. 일찍이 70년대에 경제성장에 대한 금리자유화의 긍정적 효과를 주장한 연구들이 있다.[57] 이는 개발도상 국가들의 금융억제 정책에서 핵심적 요소인 금리규제가 제거되면 투자의 효율성이 증

---

54 Lucas(1988)

55 국가 간 연구로는 King and Levine(1993), Levine and Zervos(1998), 산업 간 연구는 Rajan and Zingales(1998), Wurgler(2000), 기업 간 연구로 Demirguc-Kunt and Maksimovic(1998), Levine(2004), 그리고 사례연구로는 McKinnon(1973), Guiso et al.(2002) 등이 있다.

56 총요소생산성은 여러 가지 생산요소가 투입되는 경제에서 요소투입과 산출 간의 관계를 설명하는 것으로, 일반적으로 결합된 자본과 노동의 단위당 산출물로 정의된다.

57 McKinnon(1973), Shaw(1973)

보험 속의 경제학

가하여 궁극적으로 경제성장이 촉진된다는 것이다.

　이러한 연구를 통해서 볼 때 경제성장을 위한 금융의 주요 역할
은 금융제약 완화로 볼 수 있다. 즉, 주식시장 활성화 및 은행신용
확대 등으로 인한 자금 공급과 유동성 제공으로 거래를 원활하게 하
며, 외부자금의 이용 가능성을 높여 기업 및 산업의 성장과 구조조
정을 촉진함으로써 경제의 효율성을 개선해 준다. 한편 자금 공급
의 주요 채널인 대출에 있어서 기업 등 수요자에 대한 사전적인 심
사 기능과 차입자에 대한 사후적인 모니터링을 통해 자금이 방만하
게 공급되는 도덕적 해이를 방지해 준다. 이러한 기능들은 정보의
비대칭성을 완화해서 경제성장을 지원하는 것이다.

　금융의 발전은 '투자 확대'를 위한 채널을 위주로 하여 경제성장
을 이끌어 온 것으로 평가된다. 금융과 경제성장을 연결해 주는 주
된 채널로는 정보생산, 모니터링, 위험관리, 저축동원, 거래지원
의 다섯 가지가 있다.[58] 이 기능들은 모두 경제성장에 도움이 된다
는 공통점이 있지만, 그 내용들에는 질적으로 상당한 차이가 있다.
따라서 금융발전이 있다고 해서 이 다섯 가지 기능들이 동시에 발전
한다고 보기는 어렵다. 저축동원과 거래지원 기능은 대수의 법칙과

---

58 Levine(2004)는 금융이 경제성장에 영향을 주는 5가지 채널을 ① 저축의 동원과 모집, ② 재화와
서비스 교환의 원활화, ③ 리스크의 거래, 다변화 및 관리, ④ 기업 모니터링과 기업 지배권 행사,
⑤ 투자기회 및 자본 배분에 관한 정보의 생산으로 보았고, ①과 ②는 경제성장 초기 저개발국가
에 중요하며, ③, ④, ⑤는 성장 성숙기의 선진국가에 중요하다고 하였다.

규제환경의 정비 등에 따라 비교적 쉽게 발전하는 기능들인 반면, 정보생산, 모니터링, 위험관리 등은 상당한 노하우와 경험을 필요로 하는 고부가가치 서비스라고 할 수 있다.

이는 경제발전에 따른 성장 동력의 변화와도 밀접한 대응관계를 가진다. 즉, 경제발전의 초기에는 주로 물적 자본의 축적이 성장 동력이 되는데, 물적 자본 투자에는 저축동원과 거래지원 기능이 상대적으로 중요하게 작용한다고 볼 수 있다. 반면 경제발전이 성숙 단계에 진입하면 총요소생산성이 주된 성장 동력이 되어야 하는데, 여기에는 새로운 기술의 발굴 등을 위한 정보생산, 고위험 투자의 처리를 위한 위험관리 기능과 모니터링 기능이 중요하다고 볼 수 있다. 즉, 경제가 발전함에 따라 금융발전의 무게중심은 저축동원과 거래지원 기능에서 정보생산, 위험관리, 모니터링 기능으로 바뀌어야 한다고 볼 수 있다.[59]

내생적 성장이론에 기반을 둔 대부분의 금융 및 성장 이론들도 경제발전 단계에 관계없이 금융기관이 제공하는 각종 서비스가 경제성장에 미치는 긍정적 측면을 강조한다. 이 부류의 이론에 의하면 정보획득비용 및 거래비용을 줄이기 위해 금융기관이 형성되고, 금융기관은 저축동원 능력 증대, 자원배분의 효율성 제고, 기업지배

---

59 이규복·하준경(2012) 참조

구조의 효율화, 위험관리 향상, 각종 상품 및 서비스 거래의 활성화 등의 서비스를 제공하여 자본 축적과 생산성 향상에 기여함으로써 경제성장에 긍정적 영향을 미친다.[60]

금융발전은 일반적으로 국민소득이나 국부(國富)에 비하여 금융권역의 규모가 확대되는 것을 의미하는데, 많은 나라들에서 은행권역이 지배하고 있는 관점에서 보면 은행의 역할과 은행권역의 발전을 중요하게 여기게 되었다. 은행 기능이 잘 작동되면 소비자들의 금융시스템에 대한 신뢰가 증가하고 금융거래의 효율성이 높아진다. 그 결과 민간 부문에 대한 은행의 신용공여와 총예금 등이 금융발전의 지표로서 경제성장에 상당한 영향을 준다는 것을 여러 연구에서 실증적으로 보여 주고 있다.[61]

보험의 역할과 경제성장

국제연합의 기구인 UNCTAD[62]는 회원국들의 무역과 발전을 위한 기구로서 1964년 제1차 세션에서 공식적으로 "한 국가의 건전한 보험시장과 재보험시장은 경제성장의 필수적인 특징이다."라고 인정

---

60 박찬일·이우현(2005) 참조

61 Arena(2008), Avram et al.(2010), Feyen et al.(2011), Beck and Webb(2003), Chui and Kwok(2008, 2009) 등의 연구가 있음

62 유엔무역개발회의(United Nations Conference on Trade and Development의 약어)

하였다. UNCTAD의 보고서[63]에 의하면 보험 분야의 역할과 경제발전에의 기여는 국제기구들[64]의 주요 어젠다이다.

한편 "경제성장에 보험의 역할이 있는가?"라는 질문에 대하여 답을 찾고자 한 연구는 2000년에 들어서면서 시작되었다.[65] 보험서비스는 가정과 기업에 재무적 안정을 제공하며, 저축의 유동화와 채널링(channeling), 무역 · 상거래 · 기업활동 · 사회적 프로그램을 지원하며, 신규 자본 형성의 촉진과 효율적 배분을 수행함으로써 경제성장에 기여한다. 보험업은 은행업이나 자본시장과 마찬가지로 금융중개를 통하여 기업과 가정의 위험을 분산시키고, 손해배상을 통해서 기업과 개인을 구제하여 안정적인 경제활동을 하도록 해 준다. 또한 납입한 보험료는 자본시장에 투자할 수 있는 거대자금으로 전환되어 경제발전에 기여할 수 있다.[66]

우리나라 경제성장에 견인차 역할을 해 온 보험의 종류는 크게 생명보험과 손해보험으로 구분한다. 어떤 나라에서는 경제적 안정은 가족을 통해서 제공되어야 한다는 이념적 · 문화적 · 종교적 이유로 생명보험이 개인의 생활과 관련 없거나 부적절한 반면, 우리나라의

---

[63] UNCTAD(2005a & 2005b)

[64] UNCTAD, World Bank, IMF

[65] Ward and Zurbruegg(2000)가 출발점

[66] 강삼모 · 김영환(2012) 참조

경우 생명보험은 저축상품으로 지정되어 1960년대부터 경제성장에 있어서 은행 부문과 동일한 역할을 수행하였다. 반면에 손해보험은 산업활동과 무역거래 등에 필수적인 지원을 제공해 오고 있다. 1960년대 성장기의 대표적인 보험종목이 해상보험이었으며, 운송보험과 수출신용보험을 통해서 국제무역을 촉진시키며 활성화하는 역할을 해 왔다.

보험은 눈에 보이지는 않지만 어디에나 존재하는 우리 경제의 한 부분이다. 우리의 건강, 행동, 구매, 가정, 그리고 생명까지도 보험에 의해 보장되고 있다. 보험이 없으면 미래의 불예측성이 더욱 커질 것이며 리스크 관리도 어렵기 때문에 기업의 혁신이 어려워질 것이다. 이렇게 보험은 경제성장, 안정화, 분배와 혁신을 통해서 거시경제 발전에 기여해 왔다. 이러한 보험의 역할은 네 가지 측면으로 나누어 볼 수 있다.[67]

첫째, 경제성장에 있어서 보험의 역할로서 경제발전 수준이 낮은 저개발 국가들은 주로 낮은 보험침투율[68]과 관계가 있으며, OECD 국가들의 경우 생명보험료의 1% 증가는 실질소득(GDP)을 연간 0.06% 증가시킨다는 증거를 제시하였다.[69] 다른 연구에서는 선

---

67 Kessler et al.(2016)

68 한 국가에 보험이 경제활동에 얼마나 침투해 있느냐를 나타내는 지표(총수입보험료÷GDP)

69 Lee et al.(2013)

진국과 개발도상국 데이터를 통해서 보험침투율 1% 증가는 연간 4.8%의 경제성장 증가를 가져왔다는 것을 입증하였다.[70]

둘째, 보험은 자연재해나 금융위기를 직면한 개인들의 소비를 완화함으로써 경제적 안정을 도모한다는 것이다. 이러한 안정화 수단의 예로 변액연금과 실업보험이 있다. 기업을 대상으로 하는 경우에 보험은 금융시장과 국민경제에 안정적인 자금의 원천으로서 장기적 관점에서 대출과 투자를 촉진한다. 이는 보험회사가 은행보다도 훨씬 더 장기적이고 미래지향적이라는 데 기인한다.

셋째, 보험은 소수의 불행을 행복한 다수에게 연결해 줌으로써 분배의 형태를 창출한다. 보험은 경제 주체들 사이에 눈에 보이지 않는 연대를 만들고 시간적·장소적으로 연결해 준다. 즉, 생명보험을 통하여 세대 간에 재무적 리스크를 공유함으로써 세대 간 복지에 영향을 주어 자산수익이 매년 1% 정도 증가하도록 해 준다.[71] 한편으로는 사회적 편익으로 보험자가 제공하는 장기적 보장을 획득하는 것이다.

넷째, 보험은 혁신과 역설적인 관계를 지닌다. 보험은 혁신으로 인한 외부 충격으로부터 혁신을 보호함으로써, 그리고 재산을 보호함으로써 혁신활동을 촉진토록 한다. 다른 한편으로 보험은 새로운

---

70 Han et al.(2010)

71 Gollier(2008)

개인	• 각종 사고, 재해, 위기로부터 가계의 경제적·심리적 안정 제공 • 소수의 불행을 행복한 다수가 분산 보유함으로써 사회적 연대 형성 • 저축성보험 가입자들에게는 약정한 수익률 보장
기업	• 무역거래 등에서 존재하는 불확실성을 완화해 줌으로써 무역 활성화 • 금융시장에 안정적인 장기자금을 제공함으로써 자본의 효율적 배분 • 혁신의 불확실성으로부터 재산을 보호함으로써 혁신을 촉진
국가경제	• 실질소득(GDP)과 경제성장의 증가에 기여 • 개인 및 기업의 경제적 손실을 경감함으로써 국민경제 안정화

유형의 리스크 보장을 통하여 혁신에 적응하도록 하거나, 기술 변화에 스스로 작용함으로써 혁신을 제한할 수 있다. 예를 들면, 사이버리스크 또는 자율주행차는 보험 자체를 재창조하도록 만든다.

이렇게 현대 보험의 역할은 다중적이다. 리스크들을 관리함으로써 보험은 개인과 기업이 리스크를 떠안고 혁신을 하도록 허용해 준다. 또한 보험은 개인과 전체의 저축 수준과 배분을 수정하거나, 자본을 보다 효율적으로 배분하도록 이끈다. 그렇게 함으로써 보험은 경제주기와 경제발전에 본질적인 영향을 주고, 경제주체들 간에 소득과 충격을 분배하는 데 영향을 준다.

2장

보험이 경제성장에 미친 영향 및 인과관계

경제성장에의 영향

보험업이 경제성장에 미치는 영향을 크게 다섯 가지로 구분해 보면 다음과 같다.[72]

첫째, 보험업은 한 경제 내에서 생산성 제고 및 경제 활성화 촉진을 도모하는 데 영향을 미친다. 보험은 위험회피적인 성향을 지닌 소비자들에게 위험을 수반한 재화의 구입을 촉진시킴으로써 소비

---

[72] 성균관대학교 보험문화센터(2011) 참조

보험 속의 경제학

진작, 생산 확대, 이윤 증가, 고용 증대 등을 통해 국민소득 증가로 이어지게 하는 긍정적 효과를 가져온다. 반면에 기업들에게는 제품 판매에 따른 손해배상책임의 발생 위험을 제조물배상책임보험을 통해 담보해 줌으로써 생산활동에 전념할 수 있도록 도와준다.

둘째, 보험업은 금융중개 기능을 통해 자원을 배분하고 자본 축적 기능도 한다. 특히 장기 보험자산을 운영하는 생명보험업은 은행과 동일한 금융중개 기능을 하면서 금융중개 시장에 참여해 경쟁을 유도하고, 투자자들의 신규투자 의지를 촉진시키고 있다. 금융중개 기능이 향상됨에 따라 자본 축적 과정도 효율화된다. 왜냐하면, 중개자 간 경쟁 심화가 생산효율성을 향상시키고, 향상된 금융중개 서비스가 투자자들로 하여금 다각화된 투자포트폴리오에 대한 접근성을 높여 주고, 고위험·고생산성 사업에 신규 투자하려는 의지를 촉진시키기 때문이다.[73]

셋째, 보험업은 유동성 창출, 규모의 경제 창출 등의 방법으로 금융시스템의 효율성을 제고하는 데도 일조한다. 보험회사는 보험계약자들로부터 거둬들인 보험료를 장기대출 등으로 운용하면서 유동성을 창출한다. 또한 사회간접자본 등 대규모 자금 조달을 필요로 하는 신사업 분야에 투자함으로써 규모의 경제를 촉진시키는 데에

---

73 Pagano (1993) 참조

도 영향을 준다. 즉, 보험업은 다수의 보험계약자들로부터 받은 보험료를 축적하여 생산적인 사업에 투자함으로써 경제성장에 도움을 주는 것이다.

넷째, 보험업은 개인 및 기업의 재무안정성을 제고하며, 위험 발생에 따르는 경제적 손실을 경감시킴으로써 국민경제를 안정화시키는 데 영향을 준다. 이는 보험제도의 본질로서 개인과 가족, 그리고 넓게는 사회의 안정화를 도모하기 위해 고안된 것이다. 만약 보험이 존재하지 않는다면 위험 발생에 따르는 손실을 그대로 떠안아야 하고, 이로 인한 경제적 불안이 불가피해진다.

다섯째, 보험업은 무역거래 등 기업활동에 영향을 미친다. 국가 간 무역거래 등 기업활동이 다변화되고 전문화될수록 불확실성은 커질 수밖에 없으며, 이를 완화해 줄 수 있도록 기업의 재무안정성과 유연성 확보가 요구된다. 만약 무역의 위험에 대한 보험보장이 없거나 약하면 원활한 무역거래가 이루어지지 못하며, 이에 따라 경제규모는 축소되고 전반적인 소득과 소비 수준이 떨어지게 될 것이다.

보험과 경제성장의 인과관계

많은 연구에서 보험시장의 발전은 공급 주도 현상이라는 증거를 발견했다. 실질보험료수입이 실질국민소득(GDP)을 초래한다는 연구들이 있는 반면에, 그 반대인 연구들도 있다. 일부 연구는 보험

발전과 경제성장의 쌍방향 인과관계를 보여 준다.[74] 하지만 이러한 인과관계는 생명보험업과 손해보험업 사이에 현저한 차이가 존재하며, 경제발전의 단계에 따라 다르게 나타난다는 것이다. 즉, 생명보험은 고소득국가(선진국)일수록 더 중요한 반면에, 손해보험은 개발도상국가일수록 더 중요하다는 것이다.

보험이 경제성장에 미치는 영향, 그리고 경제성장이 보험에 미치는 영향의 인과관계에 관한 연구는 20여 년 전부터 이루어져 왔다. 일반적으로 보험은 경제성장에 소극적인 역할을 하는 반면에, 경제성장은 보험수요에 적극적인 역할을 한다는 것이다. 하지만 연구 결과에 따라서 인과관계의 방향과 강도가 다르다는 것을 알 수 있다.

와드와 주르브루그(Ward and Zurbruegg)는 2000년 OECD 일부 국가들을 대상으로 60년대에서 90년대에 이르는 기간 동안의 GDP 성장과 보험료 성장과의 관계에 대하여 연구하였다. 그 결과 어떤 국가들은 보험성장이 경제성장을 가져왔고, 다른 국가들에서는 경제성장이 보험성장을 초래하는 것으로 나타났다. 즉, 국가들마다 인과관계가 다르다는 것을 알게 되었다. 이러한 관계는 국가마다 차이가 있으며, 보험산업이 경제성장을 촉진시키는가에 대한 논의는 다양한 국가적 상황에 달려 있다는 것이다.

---

[74] 예를 들면, Ward and Zurbruegg(2000), Kugler and Ofoghi(2005), Ching et al.(2010), Lee(2011).

이어서 2011년에는 아즈만-사이니와 스미스(Azman-Saini and Smith)가 선진국과 개발도상국가를 대상으로 80년대 이후를 분석한 결과, 보험 부문의 발전은 선진국에서는 주로 생산성[75] 개선을 통하여 경제성장에 영향을 주며, 개발도상국가에서는 자본 축적을 촉진시킨다는 것을 보여 주었다.

2017년에 프라단 외(Pradhan, et al.)가 G20 국가들을 대상으로 연구한 결과는 은행산업과 보험산업의 발전이 대상 국가들의 경제성장에 장기적으로 상당한 영향을 준 반면에, 단기적으로는 국가별로 그리고 발전의 단계에 따라 상호관계가 복잡하게 관련되어 있다는 것이다.

가장 최근인 2018년에는 하테미 외(Hatemi-J, et al.)가 G7 국가들을 대상으로 1인당 보험료와 1인당 GDP의 인과관계 분석을 통해 보험시장 활동과 경제적 성과 간에 양방향 인과관계가 있으며, 시장 상황이 다름으로 인하여 인과관계의 방향과 강도, 그리고 유의성이 다르다는 것을 보여 주었다.

---

[75] 생산성이란 토지, 자원, 노동력 따위 생산의 여러 요소들이 투입된 양과, 그것으로써 이루어진 생산물 산출량의 비율을 나타냄. 즉 생산성 = 생산된 생산물의 양 ÷ 투입된 생산요소의 양

보험과 경제성장의 인과관계 연구 문헌

연구자	연도	연구대상 분야	대상국가	인과관계
Catalan, Impavido, and Musalem	2000	생명보험, 손해보험, 연금	OECD 14개국, 개발도상 5개국	OECD 국가들은 인과관계 없고, 개발도상국은 엇갈리는 결과
Ward and Zurbruegg	2000	전체 보험료	OECD 9개국	국가들마다 경제성장과 보험성장의 인과관계 다름
Webb, Grace, and Skipper	2002	생명보험, 손해보험	55개국	생명보험은 경제성장을 가져오며, 손해보험 및 은행과 시너지 관계
Kugler and Ofoghi	2005	생명보험, 손해보험	영국	보험성장과 경제성장은 쌍방향 인과관계 존재
Arena	2008	생명보험, 손해보험	56개국	보험성장은 경제성장에 유의한 영향. 고소득국가일수록 생명보험이 중요
Haiss and Sümegi	2008	생명보험, 손해보험	유럽 29개국	생명보험은 개발국가의 경제성장에 더 영향. 손해보험은 개발도상국의 경제성장에 큰 영향
Adams, et al.	2009	생명보험, 손해보험	스웨덴	보험은 경제성장에 유의한 영향
Ching, Kogid, and Furuoka	2010	생명보험	말레이시아	실질GDP 성장은 생명보험 성장을 견인
Avram, Nguyen, and Skully	2010	생명보험, 손해보험	93개국	보험 전체 경제성장에 유의한 영향. 국가별 발전단계에 따라 차이
Azman-Saini and Smith	2011	보험 전체	51개국	보험 발전이 경제성장에 유의한 영향. 개발국가는 생산성 개선, 개발도상 국가는 자본 축적 촉진
Lee	2011	생명보험, 손해보험	OECD 10개국	보험과 GDP 강한 인과관계. 손해보험이 경제성장에 더 큰 영향
Pradhan, et al.	2017	생명보험, 손해보험	유럽 19개국	보험(밀도)와 경제성장과 양방향 인과관계. 국가별로 일정하지 않음
Hatemi-J, et al.	2018	보험전체	G7 국가	보험활동과 경제성과와 양방향 인과관계. 방향과 정도 그리고 유의성은 시장상황에 따라 다름

● 출처: Outreville(2013) 및 저자 정리

생명보험과 손해보험의 역할 비교

경제개발 수준과의 인과관계에 주는 영향에 있어서 생명보험과 손해보험 간에 상당한 차이가 존재한다는 것을 인식해야 할 필요가 있다. 일반적으로 생명보험은 개인의 예기치 않은 사망이나 장수(長壽)로 인하여 발생하는 가정의 소득 감소와 추가비용 발생으로부터 지켜 주는 역할을 한다. 반면에 손해보험은 화재나 도난 또는 타인에 대한 피해 발생으로부터 개인과 기업의 재산을 지켜 주거나 배상해야 할 책임을 대신해 주는 역할을 한다.

한편으로 생명보험은 은행이나 주식시장과의 보완적인 역할로 인하여 경제성장에 기여하기도 한다. 은행업의 발전은 효과적인 결제시스템을 통하여 금융 중개 기능을 개선시킴으로써 보험업의 발전을 용이하게 해 주며,[76] 보험업의 발전은 특히 생명보험회사들의 저축성보험 상품 판매로 축적된 보험료수입을 주식에 투자함으로써 주식시장 발전을 촉진시킬 수 있다.[77] 한편 생명보험의 경제 안정 효과를 분석한 연구에서는 경기 하강 시 생명보험 자금이 경기를 부양시키는 필요자금으로 그 역할을 할 수 있고, 물가 안정에도 기여할 수 있다는 점 등이 생명보험이 경제 안정 효과를 보여 주는 근거

---

[76] Webb et al.(2002), Catalan et al.(2000) 참조

[77] Impavido et al.(2003), USAID(2006) 참조

보험 속의 경제학

라고 주장한다. [78]

손해보험은 부분적으로 신용을 담보함으로써 은행의 신용리스크를 줄여 주어 대출의 확대를 촉진함으로써 은행의 중개 기능을 용이하게 해 준다. [79] 손해보험은 또한 국내 및 국제 무역과 상업활동 그리고 기업활동을 지원하는 데 주요 역할을 한다. 국제무역에서 거래되는 상품과 관련된 보험의 특징은 최근의 현상이 아니라 아주 오래전부터 이루어져 온 관행이다. 즉, 수출신용보험과 함께 운송보험은 국제무역과 오랜 기간 역사적으로 연결되어 왔다.

이러한 국제무역의 관점에서 20세기 중반 대부분의 나라에서 채택된 보호주의는 보험서비스를 해외에서 수입하는 것에 반하여, 자국 내에서 자체적으로 보험서비스를 생산하려는 관점에서 출발하였다고 볼 수 있다. 한편 개발도상국에서는 공기업과 마찬가지로 보험서비스가 거시경제적인 수단으로 간주되어, 많은 정부에서는 고용 및 외환보유고 증대와 같은 사회적·거시경제적 목표를 달성하는 데 활용되었다. [80]

국가 간 기업활동이 발전하면서 다국적 보험보장에 대한 수요가 꾸준히 증가하게 되었으며, 보험으로 보장받는 리스크의 수와 규모

---

78 小勝 康夫(1993) 참조

79 Zou and Adams(2006), Adams, et al.(2009) 참조

80 Outreville(1996) 참조

그리고 복잡성이 지속적으로 증가하면서 국제적인 전문성과 다양성 추세가 확산되었다. 이렇게 보험서비스의 국제화는 다국적인 기업 활동의 발전에도 중요한 역할을 한다.

개발도상국과 선진국 간 중요성 비교

국가의 발전 단계에 따라 보험의 수요와 중요성이 다를 수 있으며, 생명보험과 손해보험 간에도 보장의 대상과 성격이 다르기 때문에 선진국과 개발도상국 사이에 그 수요와 중요성이 다를 수 있다.

생명보험은 선진국과 개발도상국 모두 경제성장과 긍정적인 관계가 있는 것으로 나타났다. 선진국은 보험료수입과 보험밀도[81]를 통해 측정하였고, 개발도상국은 보험침투도[82]로 측정한 결과이다. 한편 생명보험은 선진국과 같은 고소득 국가에 더 중요하고, 손해 보험은 신흥국가나 개발도상국가에 더 중요하다는 연구도 있다.[83] 즉, 생명보험이 개발도상국가에 상대적으로 덜 중요하다는 것인데, 일부 국가들에서는 생명보험이 문화적·종교적·이념적으로 생활에 관련이 없거나 부적절한 것으로 간주되기도 한다. 이들 국가에서는 여전히 가족을 통해 경제적 안전을 보장받는 게 관습화되어 있

---

81 보험밀도는 국민 1인당 평균보험료, 즉 국민 총지출보험료 ÷ 국민 수

82 보험침투도는 한 국가의 총수입보험료가 국가경제 전체에서 차지하는 비율, 즉 총수입보험료 ÷ GDP(국내총생산)

83 Haiss and Sumegi(2008), Arena(2008) 참조

기 때문이다.

반면에 손해보험의 경우 보험료수입, 보험침투도 그리고 보험밀도의 3개 지표를 통해 분석한 결과, 개발도상국에 있어서는 모든 지표가 경제성장과 상당한 긍정적인 관계가 있었다. 반면에 선진국의 경우는 보험밀도로 측정한 경우에만 경제성장과 긍정적 관계를 보여 주었다. 이는 손해보험이 선진국보다는 개발도상국의 경제성장에 더 중요한 역할을 한다는 것을 암시한다.[84]

보험 전체는 국가의 경제성장에 상당한 영향을 주고 있는 반면에, 생명보험의 효과는 고소득국가에 현저하고 손해보험은 개발도상국과 선진국 모두에게 영향을 준다는 연구 결과가 있다.[85] 한편 생명보험은 정부가 제공하는 사회복지와 유사하기 때문에 일부 유럽 국가들의 경우 경제성장에 유의미한 기여를 하지 않으나, 손해보험은 모든 국가의 경제성장에 긍정적인 영향을 준다고 주장하는 연구도 있다.[86] 이는 손해보험이 국내외 무역 및 기업활동을 지원해 주는 데 중요한 역할을 하기 때문에 개발도상국이나 선진국 모두에게 긍정적인 영향을 주는 것으로 보인다.

---

84 Din et al.(2017) 참조
85 Arena(2008) 참조
86 Tong(2008) 참조

보험과 경제성장과의 관계: 보험 분야 및 국가 간 비교

국가 수준	보험 분야	
	생명보험	손해보험
개발도상국	• 긍정적 관계 • 일부 국가에서는 부적절	• 강한 긍정적 관계 • 생명보험보다 더 중요
선진국	• 긍정적 관계 • 고소득국가에 더 중요	• 긍정적 관계

• 출처: 관련 문헌[87]에서 저자가 정리

---

[87] Haiss and Sumegi(2008), Arena(2008), Lee(2011), Din et al.(2017)

3장

보험 종류별 경제발전에의 역할 및 기여

국가의 경제발전에 보험이 기여한 부분은 이미 앞에서 많은 문헌들을 통하여 연구되어 왔다. 이 장에서는 보험의 주요 종류들을 통하여 우리나라의 국민경제 향상과 사회복지 증진에 어떻게 이바지하였는지 민영보험뿐 아니라 공영보험도 아울러 살펴보기로 한다.

자동차보험

우리나라에 경제개발과 생활수준 향상으로 자동차가 널리 보급되면서 교통사고로 인한 피해가 늘고, 이에 따른 피해보상이 사회문제로 대두되기 시작했다. 이로 인한 자동차보험의 필요성 증가로 정부와 손해보험업계는 1957년 자동차운수사업자를 주축으로 한국자동차보험주식회사를 설립하였다. 설립 직후 자동차 사고뿐만 아니라 열차·항공기에 의한 사고까지 포함한 포괄적인 보험사고를 담보 대상으로 하기 위하여 그 명칭을 한국교통보험주식회사로 바꾸었다.

하지만 4년 만에 단명하게 되었고, 한국교통보험주식회사의 뒤를 이어 1962년 손보사들의 공동운영체로 한국자동차보험공영사가 탄생했다. 공영사 창립 초기의 보험종목은 임의보험뿐이었으나, 1963년 자동차손해배상보장법(자배법)의 시행 이후 책임보험이 자동차보험의 주축이 되었다. '자배법'에 따라 대인배상책임보험 가입이 의무화되어 피해자 보호가 공적으로 이루어지는 근간이 되었다. 한국자동차보험공영사는 1968년 한국자동차보험주식회사로 개편하였고, 1983년에는 정부당국의 자동차보험 다원화 정책에 의해 대다수의 손보사가 자동차보험을 취급하게 되었다.

자동차보험은 책임보험을 기본으로 하고, 자동차소유자의 차량에 발생한 손해를 담보하는 자기차량손해보험(재물보험에 해당)과, 자기 신체에 대한 사고를 보상하는 상해보험 및 무보험자동차에 의한 상해사고 등을 담보하는 보험을 포함하는 종합보험이다. 책임보험은 가입의 강제 여부에 따라 의무책임보험과 임의책임보험으로 구분된다.

의무책임보험은 타인의 사망 또는 신체사고를 대상으로 하는 대인배상 Ⅰ과 특정한 금액까지의 손해사고를 담보하는 대물배상으로 나뉜다. 임의책임보험은 의무책임보험을 가입한 자동차소유자가 선택적으로 가입하는 보험으로서, 대인배상 Ⅰ의 보장 범위를 초과하는 타인의 사망 내지 신체사고로 인한 배상을 담보하는 대인배상 Ⅱ와 법정금액까지는 반드시 보험가입을 해야 하는 대물손해를 초과하는 손해에 대한 보장을 하는 대물배상이 해당된다.

자동차보험의 의의는 우선적으로 책임보험의 도입에 있다고 할 수 있다. 일제 강점기에서 벗어난 지 10여 년 만에 범국가적인 경제개발을 통하여 국민들의 생활수준이 향상되고 자동차 소유가 늘어나면서 이로 인한 교통사고 피해가 사회적 문제로 대두되기 시작하였던 것이다.

교통사고의 피해자를 사회적으로 구제하기 위한 정부의 조치는 자동차보험 전업사의 설립과, 이어서 제정된 자배법의 시행이라 하겠다. 자배법 시행으로 책임보험이 자동차보험의 주축이 되었고, 의무보험이었기에 임의보험의 취지와 다른 인도적 차원의 자동차 사고 피해자의 피해보상이 신속하게 이루어지는 계기가 되었다. 1960년대 국가경제의 개발이 빠른 속도로 진행되는 과정에 자동차 사고로 인한 손해배상이 책임보험을 통하여 이루어지지 않았다면, 경제 건설의 주역인 산업 현장의 직장인들과 시민들의 일상생활이 불안해져 그들이 이루어 온 우리 경제의 개발과 성장은 차질을 빚게 되었을 것이다.

기업성 보험

기업성 보험(화재보험, 해상보험, 보증보험, 특종보험 등)의 성장이 기업에 거래의 안정성을 제공하고 재무적 건전성을 증대시킴으로써 산업의 성장과 발전에 기여하고 있다는 것이 실증적으로 밝혀졌다.[88] 이 연구에 의하면 광공업과 제조업의 경우 기업성 보험의 성장이 개별 산업의 성장에 많은 긍정적인 영향을 미치는 것으로 확인되었다. 기업성 보험은 수출품 거래의 안정성과 신뢰성을 제고하여 기업 간 거래를 활성화시키고, 상품과 서비스의 가격을 안정화시키는 기능을 하는 것으로 이해할 수 있다.

화재보험은 금융 담보물을 중심으로 가입을 해 오다가 1964년부터 과도한 경쟁 배제를 명분으로 풀(pool) 체제로 전환되면서 다른 보험종목으로 성장세가 이전되었다가, 1970년대에 들어서 시장·주택·상가의 건설에 따라 성장하게 된다. 이러한 성장 추세에 전대미문의 화재 사고가 발생하게 되는데, 바로 대연각호텔 화재이다.

대연각호텔 대화재 사고는 1971년 12월 25일 서울특별시 중구 명동 소재 22층짜리의 대연각호텔에서 일어난 화재 사고이다. 191명 사망, 63명 부상이라는 인명 피해와, 당시 소방서 추정으로 재산 피해는 약 8억 3,820만 원이었다. 2001년 미국 뉴욕에서 발생한

---

[88] 이현복 외(2009) 참조

● 출처: Wikimedia

9 · 11 테러 이전까지는 세계 최대의 건물 화재 참사였다.

화재 원인은 1층 커피숍에 있던 LP가스가 폭발한 것으로 밝혀졌다. 건물에는 비상계단도 몇 없었고, 옥상 출입문이 닫혀 있었다. 실제로 20여 구의 시신이 옥상 출입문 앞에서 발견되었다. 당시 국내 최고의 32m 사다리차를 이용해 진화 작업에 나섰으나, 7층까지 밖에 미치지 못했다. 1972년 서울시민회관 화재, 1974년 청량리 대왕코너 화재 사고와 함께 서울 3대 화재 사고로 꼽히고, 아직까지도 세계 최대의 호텔 화재로 기록되고 있다.[89]

대연각호텔 화재가 직접적인 도화선이 되어 '화재로 인한 재해보상과 보험가입에 관한 법률[1973. 2. 6. 법률 제2482호]'이 제정되었다. 이에 따라 1973년 5월 15일에는 화재보험협회가 설립되어 '화재예방 및 소화시설에 대한 안전점검과 이에 관한 조사 · 연구 및 계몽 등을 통하여 화재로 인한 인명 및 재산상의 손실을 예방하고 신속한 재해 복구와 인명피해에 대한 적정한 보상을 하게 함으로써 국민생활의 안정에 이바지함'을 목적으로 활동을 개시하였다.

이러한 초대형 화재 참사로 국민들에게 충격과 경각심을 주었음에도 불구하고 1990년대에 들어 오염 사고, 폭발 사고, 추락 사고, 붕괴 사고, 화재 사고 등 대형 사고 · 재해가 빈번히 발생하였다. 당시의 사고나 재해는 자연재해보다도 안전의식 결여와 부실시공 등에 따른 인재(人災)가 더 많았다. 이 시기 연속적으로 일어난 대형 인재들은 그동안 우리나라의 급속한 경제성장에서 도외시되어 온 허술한 안전관리시스템, 부패와 연관된 각종 부실공사, 국민 안전

---

89 위키백과

보험 속의 경제학

삼풍백화점 붕괴 사고

● 출처: Wikimedia

의식의 결여 등 우리나라 안전관리의 총체적 문제점을 그대로 드러
낸 뼈저린 사고들이었다.

두산전자의 낙동강 페놀 오염(1991년 3월, 5월), 청주 우암아파트
붕괴(1993년 1월 7일), 구포 열차 탈선(1993년 3월 28일), 서해 훼리호
침몰(1993년 10월 10일), 성수대교 붕괴(1994년 10월 21일), 충주호 유
람선 화재(1994년 10월 25일), 아현동 가스저장소 폭발(1994년 12월 7
일), 대구지하철 가스폭발(1995년 4월 28일), 삼풍백화점 붕괴(1995
년 6월 29일), 강원도 고성 대형 산불(1996년 4월 23일), 부천 LPG충

전소 폭발(1998년 9월 11일), 씨랜드 대형 화재(1999년 6월 30일), 인천 라이브호프 화재(1999년 10월 30일) 등이 대표적인 사고들이다. 이 사고들은 기존에 가입한 화재보험이나 제3자 배상책임보험 등을 통한 피해자들의 보상이 없거나 거의 미미한 수준에 불과하여, 보험기능의 확대 필요성이 절실하게 인식되었다.

해상보험은 1960년대 이후 대외무역의 성장에 의한 수출입 화물의 증가와 조선공업의 발달, 선박 도입 등으로 특히 선박보험이 크게 성장하였다. 1970년대까지는 경제개발과 더불어 수출입 물동량의 증가에 따라 해상보험은 매년 높은 성장률을 기록하였으나, 1980년 후반부터는 수출입 물동량의 증가세 둔화, 해운경기의 침체 등으로 다른 보험종목에 비해 낮은 성장률을 기록하였으며, 다른 보험의 성장에 눌려 매년 구성비가 감소하였다. 하지만 수출 주도의 우리나라 경제성장에 적하보험과 선박보험이 기여한 공로는 절대적이라 할 수 있다.

우리나라 특종보험[90]의 효시는 1961년 6월에 개발한 신원보증보험 성격의 신용보험이라고 할 수 있다. 당시 협소한 화재보험시장에서 과당경쟁이 지속되고 있어서 새로운 보험시장의 확대를 위해서 신용보험을 개발한 것이다. 신용보험은 고용주가 피보험자가 되

---

[90] 전통적인 화재보험, 해상보험, 자동차보험 등과는 달리 현대사회의 새롭고 다양한 위험에 대비하기 위하여 출현된 손해보험 종목의 통칭

어 보험계약을 체결하고, 근로자가 절도, 강도, 횡령, 사기 또는 배임행위를 함으로써 고용주가 입은 손해를 보상하는 보험이다.

당시에는 일반기업체의 신용보험에 대한 인식이 부족했고 친지의 신원보증에 의한 보증제도가 일반화되어 있어서 영업 실적은 예상에 크게 미치지 못하였다. 이 시기에 개발된 특종보험으로는 기관기계보험(1962년 7월), 보통상해보험(1963년), 영업배상책임보험(1964년 11월), 주택·상공종합보험(1965년 10월), 동산종합보험(1965년 12월), 조립보험(1966년 4월), 재산종합보험(1968년 7월), 도난보험(1968년 11월), 가계종합보험(1969년) 등이 있다.

1960년대에 가장 주목할 만한 특종보험으로는 근로자재해보상책임보험(근재보험)을 꼽을 수 있다. 1966년 5월에 업계 공동으로 개발했던 근재보험은 본래 국내 근로자들을 대상으로 하는 것이었으나, 베트남 전쟁으로 특수(特需)가 시작되자 해외 근로자들을 대상으로 근재보험을 인수한 것이다. 그리하여 근재보험은 1960년대 후반부터 1970년대 초반까지 특종보험의 대표적인 상품으로 자리 잡았다가, 1975년 베트남의 패망으로 베트남 특수가 막을 내리면서 서서히 자취를 감추었다.

근재보험의 바통을 이어받은 상품이 해외근재보험이었다. 1970년대에 중동(中東) 건설 붐을 타고 근로자들의 중동 진출이 가속화되었으나, 이들이 해외 건설 현장에서 재해를 당했을 때 보상받을 마땅한 보험이 없었다. 1971년에 개발된 여행자상해보험으로 해외

근로자들의 위험을 인수하였으나 근본적인 대책이 될 수 없었다.

　이러한 때에 손해보험업계는 중동 건설 보험시장을 개척하기 위해서 해외근재보험을 개발하여 판매하기 시작했다. 해외근재보험은 1970년대에 중동 지역을 위시한 해외의 건설공사 등에 많은 인력이 진출함에 따라 양적으로 크게 발전하였다. 해외근재보험은 보험요율의 비합리성, 불명확한 보험약관, 보험사 간 보상처리기준 결여 등으로 분쟁과 소송 사례가 빈번하였으나, 손해보험업계가 한 단계 성장하는 데 기여한 측면은 있었다. 아울러 베트남과 중동 등 해외근로자들이 새로운 수요에 부응하기 위하여 건설공사 현장 등에서 발생하는 사고와 재해로부터 그들의 생명과 재산을 보장해 주는 보험상품이 있었기에 국민경제 성장에 기여를 할 수 있었던 것이다.

생명보험

　생명보험이 국내 경제발전에 기여한 역할은 1960년대 경제개발기에 두드러진다. 정부가 내자(內資) 동원을 목표로 국민저축운동을 추진하기 위하여 시행한 첫 조치는 1962년 1월 19일 제5차 각료회의에서 의결한 국민저축운동 실시계획이었다. 1962년 2월 9일에는 「국민저축조합법」을 제정하여 본격적으로 저축을 장려하기 시작하였다. 은행, 생명보험회사, 체신부, 농업협동조합 등이 동법에 의한 저축기관으로 지정되었다.

　이와 같이 생명보험회사가 저축기관으로 지정됨으로써 생명보험회사의 단체보험은 급성장하기 시작하여 단체보험 계약이 전체 생명보험 보유계약에서 70%가 넘는 비중을 차지하며 높은 보유율을 기록하였다. 이와 같이 생명보험회사가 경제개발계획의 일익을 담당함으로써 생명보험 사업은 급격한 성장을 이룩하였다.

이 시기에 등장한 생명보험회사의 상품으로 '교육보험'이 있다. 상급학교 진학 시 학자금을 부모가 사망할 경우 사망보험금을 지급하는 상품으로서, 이 상품은 당시 국민들에게 '나도 배울 수 있다'는 희망의 상징이 되었다. 높은 교육열을 타고 선풍적인 인기를 끌며 단체보험이 대부분이던 생명보험업계에 개인보험의 새로운 장을 열었다. 당시 교육보험이 전체 개인보험시장의 과반을 차지하였고, 80년대 중반까지 약 300만 명의 학생에게 학자금을 지급했다. 많은 인재들이 1960년대 이후 우리나라 경제개발시대 주역으로 자리 잡을 수 있도록 배움의 기회를 제공한 상품으로 평가되고 있다.[91]

산재보험

"한국 사회는 1960년대 초반부터 1990년대 중반까지 성장 위주의 경제정책을 전개하였는데, 성장 위주의 경제정책은 산업 전반의 균형발전보다는 국가발전의 파급 효과가 높은 산업 분야를 정부

---

91 뉴시스(2018.9.6) 기사 참조

가 집중 투자하는 육성정책을 전략적으로 추진하였다. 성장 중심의 경제정책은 부존자원이 부족했던 국가 상황에서 노동집약적인 산업 육성에 의존할 수밖에 없었으며, 노동집약산업의 육성은 광업과 제 조업, 중공업 중심의 산업구조 분화를 촉진하였다. 성장 중심의 경 제정책은 산업현장에서 산업재해의 대폭적인 증가 현상을 불러왔으 며, 산재보험제도는 사업주와 재해근로자를 적극적으로 보호하기 위한 보험 적용의 확대와 운영 능력을 제고하여 사회보장성을 강조 하는 데 강조점을 두었다."[92]

우리나라의 산업재해보상보험(약칭: 산재보험)은 근로자의 업무상 재해에 대해 신속하고 공정한 보상을 위해서 근로기준법상 재해보 상과는 별도로 산재보험을 도입할 필요가 있다는 취지하에 산업재 해보상보험법(이하 산재보험법이라 칭함)을 1963년 11월 5일에 제정·공포하였고 1964년 7월 1일부터 시행하였다.

시행 당시 산재보험의 적용 범위는 근로기준법의 적용을 받고 있 던 광업과 제조업으로 하되, 도입 첫해인 1964년에는 상시근로자 500명 이상 사업장만 먼저 적용토록 하였다. 산재보험료는 고용주 가 전액을 부담하도록 하였으며, 보험급여는 요양급여, 휴업급여, 장해급여, 유족급여, 장의비, 일시급여의 여섯 가지를 두었다. 이

---

[92] 고용노동부·근로복지공단(2012), p.33

보험 속의 경제학

후 산재보험법은 29차례 개정을 통해 적정한 보상 수준을 정립하였으며, 보험 적용 대상과 보험급여 종류를 확대시켜 나갔다.

산재보험의 적용근로자 수는 시행 첫해에는 64개 사업장의 8만여 명에 불과하였으나, 2000년 7월 1일부터는 상시근로자 1인 이상을 사용하는 모든 사업장에 적용되었다. 다만 사업의 위험 정도 등을 고려하여 대통령령(시행령 제3조)으로 규정하는 사업은 적용 제외하고 있다. 2008년에는 근로기준법상 근로자로 인정되지 아니하나 근로자와 유사하게 노무를 제공하는 보험모집인, 레미콘트럭 기사, 학습지 교사, 골프장 캐디 등 특수형태 근로종사자 4개 직종을 당연적용 대상에 포함시켰다. 그 결과 산재보험 적용사업장은 약 159만 개, 적용근로자 수는 1,349만 명으로 확대되었다. 산재보험 실시 이후 적용사업장은 약 25배, 적용근로자 수는 169배 증가한 셈이다. 2019년 말 현재 산재보험 적용사업장은 약 268만 개, 적용근로자 수는 약 1,873만 명에 달한다.

재해근로자 보호와 고용주의 편익 향상이라는 순기능에도 불구하고 산재보험제도는 재해율 대비 보험요율 상승 추세, 산재사고에 대한 조사 미비로 인한 산재급여 낭비, 재해 예방 유인이 부족한 보험요율 산정 방식, 재정 불안 등 운영의 비효율성이 지적되어 왔다. 이러한 문제점을 해결하기 위해 근로복지공단은 산재보험의 기본 골격은 유지한 채 제도 개선을 지속적으로 시행해 왔다.

그럼에도 불구하고 문제점이 해결되지 않자 1990년대 중 · 후반부터 근로복지공단이 독점적으로 수행하고 있는 산재보험의 운영을 민영보험사에게도 허용함으로써 산재보험 운영의 효율성을 제고하자는 의견이 대두되었다. 산재보험 운영주체의 다원화는 산재보험의 강제 적용과 급여 조건 및 수준에 있어서 동일한 규정을 두되, 적용 대상이 되는 가입자가 관리 운영 주체를 자유로이 선택할 수 있다는 것을 의미한다.

산재보험 운영에 민영보험사가 참여하기 위해서는 위험도에 따른 요율세분화와, 부과 방식에서 적립 방식으로 재정 방식의 변경이 불가피하여, 다원화될 경우 사회보험으로서의 산재보험의 수평적·수직적 소득재분배 기능이 약화되거나 없어진다. 따라서 1997년 산재보험 운영주체의 다원화 방식이 제시된 이래, 다원화 찬성론자와 다원화 반대론자 간에 논쟁이 치열하였다(옆의 표 참조).

산재보험이 공적인 사회안전망으로서 제대로 기능하기 위해 가장 우선해야 할 것이 지속가능성이다. 그러기 위해서는 기본적으로 사회적 형평성을 제고하면서도 시스템의 비효율성을 타파해야 한다는 상반된 과제를 동시에 풀어야 한다. 즉, 환경의 변화와 사회적 요구에 부응하여 사회보장체계 내에서 갖는 산재보험의 역할을 재검토하고 재정립함으로써 사회적 형평성도 높이면서, 동시에 경제적·행정적 관점의 효율성도 도모하는 것이 필요하다. 단기적 성과에 집착하지 않고 장기적 관점에서 이해관계자들의 입장을 수렴하

산재보험 운영의 경쟁 도입에 대한 기존 논쟁

구분	다원화 찬성론	다원화 반대론
성격	• 산재보험은 기업보험으로 국가가 법으로 제도화한 의무보험에 불과하며 이에 대한 근거로 산재보험의 등급별 요율제 및 개별실적 요율제 등 요율체계가 민영보험방식과 일치함.	• 산재보험은 민영보험의 원리를 초월하는 사회보장적, 근로복지적 성격을 지님.
특성	• 효율성과 형평성 제고가 중요함.	• 급부구조의 적정성 제고를 통한 사회적 연대성 추구.
효율성	• 다원화 시 자율경쟁을 통한 요율 인하, 투자수익의 증대를 통한 보험급여의 증대, 전문인력에 의한 효율적인 관리, 합리적 보험요율 확립을 통한 공정성 확보, 보험료의 할인율 및 할증률 확대를 통한 기업의 산재 예방 노력 제고 등이 가능하여 근로자와 고용주 모두에게 유리할 것임. • 반대로, 독점적 공적기관은 누적된 재정적자를 해결하기 위해 산재보험의 효율화보다는 비용 인상과 같은 상대적으로 편한 대안에 의존하기 쉬움.	• 국가독점 형태의 산재보험은 규모의 경제상 유리함. • 그럼에도 불구하고, 민영보험에 비해 국가독점 산재보험이 산재급여를 낭비하는 듯이 보이는 것은 산재피해 근로자들의 생활 보장이라는 사회보장제도로서의 특징이고, 이로 인해 산재보험제도의 전체적인 운영효율성이 민영보험에 비해 낮아지는 것은 아님. • 민영화될 경우, 모집비용이 추가로 발생하며, 운영주체 간 판매경쟁이 유발되어 이에 대한 광고 및 선전 비용의 발생, 영리기관으로서 민영보험사의 이윤 등에 의한 실질적인 관리운영비의 증가 발생함.
주장	• 민영시스템 및 경쟁을 도입하여 산재보험을 효율적으로 운영하여야 함.	• 현행 국가독점 산재보험제도가 관리운영의 비효율성과 관료화로 인한 경직성 등의 문제점을 안고 있다고 하더라도, 이는 민영화를 통해서가 아니라 체제 내의 개혁을 통해서 해결해야 할 사안임.

• 출처: 송윤아(2010)

는 전략적 접근이 요구된다.[93]

산재보험의 도입 과정은 사회보험의 효시로서 본래의 목적을 위해서라기보다는 정치적 선택의 일환이었다. 1960년대 초반 군사정부는 사회경제적 성장을 추구하였으며, 산재보험제도는 군사정부의 정통성 확립을 위한 정치적인 목적으로 도입되었다. 독일과 영국과 같은 선진국에서는 1800년대 산업혁명으로 산업성장을 추진하던 과정에서 산업재해가 급증하게 되었고, 이러한 문제를 해결하기 위한 방안으로 산재보험제도를 선택하였다.

반면에 한국의 산재보험제도는 국가 경제개발계획을 추진함으로써 경제 및 산업성장을 이끌어 내기 이전에 도입된 사전적인 준비조치의 특성을 갖고 있다. 이러한 특성에도 불구하고 산재보험제도는 엄청난 규모의 사업 성장과 발전 과정을 경험하였다. 불확실하고 혼란스러웠던 시기에 산재보험제도를 도입하지 않았다면 현재와 같이 안정된 사업 기반을 조성하지 못하였으며, 사회 안전망 체계로서 산재보험의 역할은 기대하기 어려웠을 것이다.[94]

국민건강보험

우리나라 건강보험의 뿌리는 경제개발이 시작된 1963년으로 거

---

[93] 박종필(2017) 참조
[94] 고용노동부·근로복지공단(2012), p.65

슬러 올라간다. 당시 국가재건최고회의에서 의료보험법을 제정 (1963.12.16)하여 300인 이상 사업장에 대하여 조합을 임의로 설립할 수 있도록 하였다. 법의 취지는 국민의 질병·부상에 대한 예방·진단·치료·재활과 출산·사망 및 건강증진에 대하여 보험급여를 실시함으로써 국민보건을 향상시키고 사회보장을 증진함을 목적으로 하고 있다(국민건강보험법 제1조).

그 후 1970년 의료보험법을 개정(1970.8.7)하여 전 국민 대상으로 적용 대상 범위를 확대하고, 근로자는 조합 방식에 의하여 강제로 적용하며 자영업자는 조합 방식에 의하여 임의 적용하도록 하였다. 1976년 정부는 의료보험법을 전면 개정하여 지역주민에 대하여는 임의적용 의료보험을 실시하고, 500인 이상 사업장은 의무적으로 의료보험이 실시되도록 1977년 7월 1일부터 의료보험조합(486개 조합 설립)의 업무가 개시되었다.

1988년 1월 1일 농·어촌 지역의료보험이 전국으로 확대 실시되고, 1989년 7월 1일부터는 도시 지역의료보험이 전국적으로 실시되어 전 국민의 의료보장이 실현되었다. 1998년에는 제1차 국민의료보험 통합이 있었고, 국민건강보험법이 시행되어 2000년 7월 1일부터는 제2차 의료보험의 통합으로 단일 보험자인 국민건강보험공단이 설립되어 업무를 시작하고 의약분업도 실시되었다. 2003년 7월 1일부터는 직장가입자와 지역가입자의 재정이 통합되었다. 이렇듯 한국의 고도 경제성장기였던 1960년대부터 1990년대에 이르기까지 국민건강보험이 근로자와 전 국민을 대상으로 의료보장에 든든한 역할을 해 왔음을 알 수 있다.

국민건강보험이 경제성장에 어떠한 역할과 영향을 미쳤는지에 대하여 알아보자. 건강보험이 경제성장에 미치는 영향은 우선 의료 서비스 수요 증가에 따른 의료산업의 발전으로 나타난다. 관련 연구[95]에 따르면, 의료서비스 수요 증가에 따른 의료산업의 발전은 관련 종사자의 고용 및 소득 창출과 의료산업에 투입되는 중간재의 생산을 유발하여 경제성장에 긍정적인 영향을 미친다.

공적 의료보험의 도입은 의료산업의 수요를 증가시키는 주요 원인 이고, 의료산업의 수요 증가를 통해 의료산업 종사자의 고용 및 소득 창출을 통한 직접적 경제 효과뿐만 아니라 의료산업의 소비, 투자와 같은 최종수요가 증가함에 따라 다른 산업의 고용 및 소득 창출을 직·간접적으로 유발하는 효과가 발생한다. 이러한 가시적인 영향 이외에 건강보험은 가계소비의 안정화와 생산가능인구의 건강증진이라는 측면에서 경제성장에 긍정적인 영향을 미칠 수 있다.

건강증진과 경제성장 간의 관계에 관한 연구 결과를 보면, 건강 증진은 경제성장에 긍정적인 영향을 미치며, 경제성장은 다시 건강 수준을 증진시키는 것으로 나타났다. 뒤의 그림은 이 과정을 설명

---

95 Doeksen, et al.(1999)

보험 속의 경제학

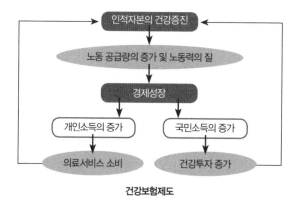

● 출처: 김영숙 외(2007) 참조

하고 있다. 우선 건강이 증진된 인적자본은 육체적·정신적 능력이 향상됨에 따라 높은 생산성을 가지게 된다. 건강증진을 통해 높은 생산성을 가지게 된 인적자본은 교육·훈련에 대한 접근성과 효율성이 높아진다.

이로 인하여 양적으로 풍부하고 질적으로 우수한 노동력이 생산요소로 공급되고, 이는 경제성장의 주요 요인으로 작용할 수 있다. 경제성장으로 인해 개인 및 국민소득이 증대되고, 이는 곧 개인 차원에서는 의료서비스에 대한 수요 및 소비의 증가로 이어지고, 국가 차원에서는 의료서비스 전달 체계에 대한 투자 증가로 이어진다. 이는 다시 인적자본의 건강증진으로 연결된다. 이와 같은 건강과 경제성장 간의 관계에서 건강보험제도의 역할은 소득의 증가가 건강투자 및 의료서비스 소비의 증가로 이어질 수 있도록 하는 데 있다.[96]

우리나라는 국민건강보험이 도입된 시기부터 급속한 경제성장이 시작되었다. 직장의료보험제도가 도입되기 시작한 1977년의 1인당 국민소득은 구매력평가(PPP) 기준 1,904달러였던 것이 20여 년이 지난 2004년에는 20,668달러로 약 10배 증가했다. 이렇듯 건강보험 도입 이후 전 국민의 건강수준은 전반적으로 향상되었고, 그중에서도 경제성장에 영향을 미칠 수 있는 경제활동인구의 건강수준은 전 국민 건강보험이 도입된 1989~1990년을 전후로 더욱 향상되었다. 이렇게 국민건강보험은 경제활동인구의 건강수준을 향상시킴으로써 경제성장과 국민소득 증대에 큰 기여를 해 온 것이다.

국민연금

국민연금은 노령, 장애 또는 사망 등으로 생업에 종사할 수 없을 때를 대비하여 평생저축을 제도화함으로써 국민들이 기본적인 경제생활을 유지할 수 있도록 지원하는 공적연금제도이다. 국민연금은 우리 사회의 안정 기반 확대에 크게 기여하고, 경제발전의 궁극적

---

[96] 김영숙 외(2007) 참조

목적인 복지사회 건설을 실현시키는 근간이 된다. 국민연금은 우리나라 사회보장체계의 대표적인 사회보험제도로서 가족 구조의 변화와 고령화가 급격히 이루어지면서 이에 대한 중요성이 커지고 있다.

우리나라에 국민연금제도의 도입 논의는 1970년부터 시작되어 1973년 법제화가 이루어지면서 완성되었다. 당시에는 두 차례의 경제개발계획이 목표를 초과 달성하는 등 상당한 성과를 거두는 한편, 공업화의 진전·인구의 도시집중과 핵가족화·노령인구의 증가와 같은 사회적 문제가 새롭게 발생하는 시점이었다. 이에 한국개발연구원(KDI)은 1972년부터 시행되는 제3차 경제개발계획에서 농어촌 지역의 생활 개선, 중화학공업의 육성과 더불어 사회보장의 확충, 근로자의 복지 및 근로환경의 개선을 함께 도모하여 사회·복지 문제도 함께 다루길 원했다.

하지만 사회보장에 대한 청와대의 인식이 문제였다. 사회보장제도는 '막대한 정부 재정이 소요되는 제도'로 인식되어 국민연금제도를 부정적으로 바라보는 시각이 팽배했다. 국민소득이 겨우 200~300달러 수준이었고, 기업도 근로자도 보험료 내기에는 형편이 좋지 않았던 상황이기도 했다. 또한 '가족의 부양은 자식의 몫'이라는 인식이 약해졌다고는 하나, 미풍양속이라는 이름으로 여전히 사회적 관행으로 남아 있었다.

이러한 부정적 인식을 극복하기 위해 KDI는 국민연금제도가 경제성장에 기여할 수 있다는 주장을 부각시키고자 하였다. 연금제도의 잠재적 혜택과 비용을 분석하고, 저축 및 투자 효과를 제시하면서, 연금제도의 도입이 사회적 효과뿐만 아니라 경제에도 긍정적인 영향을 미친다는 보고서를 제출하였다. 이에 청와대와 경제기획원은 보건사회부를 통해 구체적인 방안을 마련하도록 하였다.

이 과정에서 만들어진 최종안은 국민복지연금의 도입 목적을 노령 · 장애 · 사망으로 인한 생활의 불안과 위험에 대처하여 근로자가 보다 안정된 상태에서 경제활동에 참여할 수 있는 보장된 사회를 조성하며, 연금제도를 통해 축적된 기금을 생산 투자에 활용하여 국민들의 소득 격차를 줄이고 생활수준의 불균형을 예방하는 것에 있다고 명시하고 있다.

이후 1973년 12월에 국민복지연금법을 제정한 뒤, 1974년 1월 1일부터 시행하도록 하였다. 하지만 이러한 노력은 1973년 중동 전쟁으로 인한 석유 파동으로 경제가 심각한 타격을 받아 중단되고 말았다. 긴급조치를 통해 시행 시기를 늦추다가 1975년 12월에는 시행령으로 시행일을 정할 때까지 무기한 연기함으로써 사실상 실시가 보류된 것이다.

박정희 정부가 국민복지연금을 도입하고자 한 이유로는 복지의 확충보다는 경제개발에 필요한 재원 마련이라는 경제적 목표가 더 컸다. 소득수준이 낮았던 당시로는 경제개발에 필요한 자금조차 제대로 조달하기 어려웠다. 국민들의 저축률도 낮았던 상황에서 최소한의 차관으로 경제개발을 추진하기 위해서는 국민들을 강제로 저축시켜서라도 재원을 마련해야 했고, 그 수단으로 국민복지연금이 이용되었다는 것이다. 이후 근로자 재형저축제도 등 국민연금제도를 대신할 다양한 재원 조달 대안이 제시되자 국민복지연금제도의 재시행에 대한 논의는 진행되지 않았다.

그러다가 전두환 정부가 출범하면서 논의의 불씨가 되살아났다. 1955년부터 태어난 베이비붐 세대들이 1980년대부터 결혼을 하고 새로운 가정을 꾸리게 되면서 주택난이 심화되었는데, 이에 착안하여 주택건설자금에 국민연금제도를 활용할 수 있다는 방안이 나온 것이다. 또한 우리나라에서도 서서히 고령화가 시작되던 시점이기에 이에 선제적으로 대응할 필요성도 있었다. 이후 퇴직금의 조정문제, 기금의 주체와 운용 방법, 소득비례 부분의 산정 기초, 반환일시금의 지급 기준 등의 문제를 해결하여 1986년 12월 국민복지연금을 국민연금으로 개편하여 1988년 1월부터 본격적인 시행에 들어갔다.

국민연금은 보험제도의 일부인 연금의 원리를 이용하여 활동기의 근로자가 정년 등으로 퇴직을 할 경우에 노후생활에 필요한 기본적인 소득을 제공해 줌으로써 국민복지적인 차원의 사회적 안전망 역할을 해 주는 사회보장제도의 하나이다. 사회보험으로서 국민연금의 보험료는 근로자의 소득에 비례하여 납부하고, 퇴직 후에 받는 연금소득의 상당 부분은 가입자 간에 평준화되어 있기에 빈부 간에 소득의 재분배 효과도 있는 제도이다.

우리나라는 경제의 개발 및 성장기인 60~70년대에는 성장에 치중하느라 국민들의 노후복지를 제공하는 국민연금제도의 시행이 이루어지지 못하였다. 그러다가 70년대 초부터 국책연구기관과 정부 차원의 도입에 대한 연구·검토가 이루어졌으나, 중동전쟁으로 인한 석유파동으로 인한 국제적 환경의 급변으로 70년대 중반 시행을 앞두고 중단되어 아쉬움이 남는다.

국민연금은 2019년 6월 30일 기준으로 총 가입자 수가 2,200만 명을 넘을 정도로 대다수 우리 국민들의 노후생활 안정을 위한 안전망으로 자리 잡고 있다. 국민연금이라는 공적연금 제도의 존재만으로도 국민경제의 발전에 흔들림 없는 버팀목 역할을 해 오고 있다.

고용보험

고용보험제도는 실직한 근로자에게 일정 기간 동안 일정 수준의 실업급여를 지급하여 상실소득의 일부를 보상함으로써 본인과 그 가족의 생활 안정을 도모하기 위한 실업보험이 주축이 되고 있다. 그뿐 아니라 실직근로자에게 적극적인 취업 알선을 통하여 재취업을 촉진하고, 직업 안정을 위하여 실업 예방과 근로자의 능력 개발 등을 통하여 고용을 안정시키고 근로자의 복지 증진을 목적으로 하고 있는 제도이다.

1995년 7월 1일 고용보험이 실시됨으로써 우리나라의 사회보험 제도로는 기존의 산재보험(1964년 시행), 국민건강보험(1977년 시

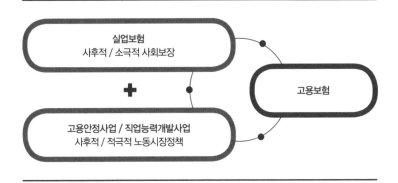

행), 국민연금(1988년 시행)과 더불어 4대 지주가 형성되었다. 고용
보험은 1980년대 이전까지 실업보험이란 이름으로 실시 여부에 대
해서 장기간 논의되어 왔다. 그러다가 1990년대에 들어오면서 경제
성장의 둔화와 시장개방 및 산업구조조정 등에 의한 실업 문제가 제
기되고, 정책적인 결단에 의하여 사회보험으로서 고용보험제도가
실시되었다.

우리나라의 고용보험제도는 선진국의 경험과는 달리 실업급여를
주목적으로 하는 실업보험으로 출발한 것이 아니고, 처음부터 기존
의 직업훈련제도와 고용안정제도와 연계하여 출발하였다. 미국 ·
영국 등의 선진국 대부분은 실업보험인 반면에, 독일과 일본이 실
업보험에서 고용보험으로 개칭한 것에 영향을 받아 우리도 고용보
험으로 부르게 되었다.

고용보험의 발전 과정은 국가별로 차이가 있지만 처음에는 노동조합의 자주적인 실업공제기금으로 출발하였고, 그 후 정부보조를 통하여 임의 실업보험제도로 발전하였다. 이 제도는 독일과 일본을 중심으로 고용정책과 연계시켜 고용보험제도로 전환하고 있는 것이 일반적인 추세이다.

노동조합의 실업공제기금제도는 19세기 중반 유럽의 일부 국가의 노동조합에서 실직 조합원들에게 한정된 기간 동안 실업급여를 지급한 제도로서 프랑스, 독일, 영국, 스위스, 스웨덴, 노르웨이 등의 국가에서 보급되고 있었다. 이 제도는 조합원이 비용을 부담하였으므로 규모가 영세하고 임의 가입으로 실업급여 수준이 충분하지 못했다. 20세기 들어오면서 강제 실업보험제도가 도입됨으로써 실업공제기금 및 사용자의 실업구제제도는 점차 소멸되기 시작하였다.

실업보험이 사회보험 방식의 강제제도로 전환된 것은 1911년 영국이 최초였으며, 그 영향으로 아일랜드(1911년), 이탈리아(1919년), 벨기에(1920년), 오스트리아(1920년), 독일(1927년)에도 보급되었다. 1930년대에는 세계적인 경제불황으로 각 국가는 심각한 대량실업을 맞게 됨에 따라 실업자 구제를 체계적으로 하기 위하여 실업보험제도를 적극 도입하게 되었다.

제2차 세계대전 후 일본(1947년)을 비롯한 많은 국가에서 강제 실업보험제도가 새로운 기틀을 마련하였고, 1950년대부터는 남미국가를 중심으로 개발도상국가에서도 실업보험제도를 도입하였다. 1960년대 이후 독일, 일본과는 달리 영국, 미국 등의 국가에서는 실업급여 중심의 순수 실업보험제도를 고수하고 있는 국가도 있지만, 대부분 국가는 고용안정·직업훈련의 기존 제도를 실업보험에 연계시키는 정책을 구사하고 있다.

1995년 7월 1일 고용보험제도가 시행된 이후 우리나라 노동시장은 많은 변화를 겪어 왔다. 1997년 말의 외환위기 이전까지는 실업률이 2% 내외로서 인력 부족 현상이 노동시장에서의 주요 관심사였으나, 외환위기 이후에는 대량실업의 발생에 따른 실업 및 경제위기의 극복이 최대의 문제로 대두되었다.

1997년 11월의 외환위기는 한국 경제와 노동시장에 커다란 충격을 주었다. 1960년대 중반 이후 고도성장을 지속해 온 한국 경제는 1979년의 제2차 오일쇼크의 영향으로 1980년에 마이너스 성장(-2.7%)을 기록한 이후 두 번째로 1998년에 마이너스 성장(-5.8%)을 기록하였으며, 이로 인해 한국 사회가 경험해 보지 못한 대량실업의 고통을 겪어야만 하였다. 1997년 11월에 2.6%를 기록한 실업률이 외환위기 이후 급격히 상승하여 1998년 2월에는 5.9%, 7월에는 7.6%, 12월에는 7.9%를 기록하였으며, 1999년 2월에는 실업률이 8.6%라는 최고점에 도달하였다.

다행히 1998년 2/4분기 이후 실물경제가 회복 국면으로 전환되면서 1999년 1/4분기부터 플러스 성장을 기록하여 1999년에는 경제성장률이 10.7%라는 고도성장을 실현하여 2년이라는 짧은 기간 동안에 외환위기를 극복하였다. 이러한 실물경제의 회복과 더불어 실업률도 1999년 3월부터 감소 추세를 보이기 시작하였다. 1999년 7월에는 실업률이 6.2%로 낮아졌으며, 1999년 9월부터 12월까지 는 4%대의 실업률을 기록하였다. 2000년 1월과 2월에는 계절적인 영향으로 실업률이 5%대로 상승하였으나 3월부터 하락하기 시작하 여 2000년 10월 현재 실업률은 3.6%를 기록하게 되었다.

우리나라 고용보험제도가 시행된 이후 1997년까지는 만성적인 생산직 인력난을 겪었으나, 외환위기 발생 이후에는 사상 유래 없 는 고실업을 겪게 되었다. 이처럼 비교적 짧은 제도 시행의 역사에 도 불구하고 인력난과 고실업을 모두 경험하여 고용보험제도의 경 제적·사회적 역할을 뼈저리게 느끼는 계기가 되었으며, 나아가서 는 제도의 장기 발전 방향을 모색하는 데 필요한 소중한 교훈을 얻 을 수 있었다.

무역보험

2000년대 후반 글로벌 금융위기로 인한 경제 여건이 악조건인 상 황에서도 한국 경제가 지속적인 성장을 이룩할 수 있었던 것은 지속 적인 수출 신장에 따른 덕분이라고 볼 수 있다. 2011년 우리나라는 세계에서 9번째로 무역 1조 달러 클럽에 가입했다. "지식경제부는 5일 오후 3시 30분 현재 수출액이 총 5150억 달러, 수입액은 4,850

억 달러를 각각 기록해 올해 1월 초 이후 누계 무역(수출+수입) 규모
가 1조 달러를 돌파했다고 발표했다."[97] 이러한 무역 규모의 지속적
인 확대의 이면에는 수출과 수입 거래를 지탱해 주는 무역보험이 있
었기에 가능했다고 할 수 있다.

현행 한국의 무역보험제도는 수출보험과 수입보험으로 구별해
볼 때, 수출보험은 수출기업이 물품을 수출하고 수출대금을 받지
못하거나, 수출금융을 제공하는 금융기관이 대금을 회수하지 못하
는 손실을 보상해 주는 정책보험제도로 비상위험과 신용위험을 담
보로 수출기업이 수출대금을 받지 못해서 생기는 손해에 대비하여
가입하는 보험이다.

또한 수입보험은 국내 수입업자의 자금 조달을 지원하는 것은 물
론 해외수출자의 계약불이행으로 적기에 화물을 인도받지 못하거나
선수금을 회수하지 못하는 경우의 손실을 보상해 주는 제도이다.
산업생산에 소요되는 원자재와 자본재의 수입은 우리나라의 총수입
중 많은 부분을 차지하고 있다. 따라서 수입 유발형 수출 구조를 가
지고 있는 한국으로서는 원자재와 자본재 수입의 감소는 설비 투자
감소에 따른 산업생산 위축을 초래함으로써 경제발전과 수출 증대
에 직접적인 요인으로 작용할 수 있다.[98]

---

[97] 매일경제(2011.12.05)
[98] 박문규·유승균(2010) 참조

무역보험의 기능은 무역거래 상의 불안 제거, 금융공급 확대와 금융시스템의 건전성 향상, 무역진흥정책 수단, 무역 관련 정보 제공, 효과적인 경제협력 수단 등을 통하여 한국의 경제성장에 기여해 왔다.

첫째, 무역거래에 따른 수출입업자의 위험부담을 해소하여 준다는 측면에서 무역거래의 환경 및 조건이 국내 상거래와 동일한 정도로 유리하게 조성하는 기능을 가지고 있다. 수입국에서 발생하는 비상위험 또는 신용위험 등으로 인하여 수출입이 불가능해지거나, 수출입대금의 회수가 어려워져 수출입업자나 생산자가 입게 되는 손실을 보상함으로써 무역거래활동을 촉진시키는 역할을 한다.[99] 이러한 위험 제거 기능은 최근 한국의 무역거래 형태를 볼 때, 개도국 시장 개척 및 무서류(paperless) 등에 의한 전자거래 증가에 따른 위험요인 때문에 중요도가 더욱 커지고 있다.

둘째, 무역보험은 수출입대금의 미회수 위험을 담보하므로 정부는 기금 출연으로 무역보험 및 보증사업을 지원하여 민간 부분의 대규모 자금을 무역금융으로 활용할 수 있게 된다. 무역금융에서 대금의 회수 가능성 여부가 대출심사의 중요한 기준이고, 무역보험에 의하여 이를 해결할 수 있으므로 금융기관은 수출입업자에게 담보

---

[99] 김지용(2008) 참조

요건 등을 보다 유리한 조건으로 과감하게 자금을 공급할 수 있게 된다. 또한 수출입계약 상대방의 대금 지급 지연과 같은 보험사고가 발생하여 수출입대금의 회수 전망이 불투명하거나 회수에 장기간 소요되는 경우에 있어서도 수출입업자가 입은 손실을 보상함으로써 기업자금의 유동성을 제고시켜 줄 수 있는 신용공여 기능도 수행한다.

셋째, 무역보험의 효율적인 인수 및 위험관리를 위해 해외수출입업자 및 수입국에 관한 신용정보를 제공하여 수출입업자로 하여금 효과적으로 활용할 수 있도록 함으로써, 수출입업자의 신규 수입선 확보와 무역거래 확대와 동시에 건전한 무역거래를 유도하는 부가적인 기능을 수행할 수 있다. 또한 담보하는 위험의 범위, 부보율, 보험요율 등을 수출입 여건에 따라 탄력적으로 적용하여, 특정 산업 분야에 한정하지 않고 모든 무역거래를 지원하므로 국제경쟁력 제고를 위한 산업정책 수단으로 활용이 가능하다. 즉, 기업의 경쟁력 확보 노력을 저해하지 않고 시장 개척을 촉진한다는 점에서 무역거래 지원을 위한 중립적 정책 수단으로서 매우 효과적이므로 무역보험은 시장인프라 제공의 지원 수단이라는 특징을 가지고 있다.

넷째, 무역보험은 WTO 체제하에서 허용되는 간접 수출입지원 제도로서 대부분의 국가에서 정부 지원하에 운영되고 있다. 무역보험은 수출입무역, 기타 대외거래의 촉진 및 진흥을 위하여 정부 지원하에 운영됨에 따라 장기적인 차원에서 수지균형을 목표로 가능한 한 낮은 보험요율을 책정한다. 이것은 보상비율 등에 대한 최대한 무역거래업자에게 유리한 보상 제도를 채택하여 수출경쟁력을 강화하고, 궁극적으로 무역거래를 촉진시키는 정책 수단으로서의 기능을 수행하게 된다.

결과적으로 각 국가 간 수출경쟁이 심화되고 있는 가운데, 금융과 세제상의 우대조치 등의 직접 수출입 지원수단에 대한 국제적인 규제가 강화되고 있어 국제적으로 통용되고 있는 간접 지원 수단의 역할이 대두되고 있는 상황이다. 따라서 국가 간 경제협력의 일환으로 무역보험을 통하여 무역거래에 따른 무역신용을 제공함으로써 경제협력과 무역거래 촉진의 효과를 기대할 수 있다. 또한 개도국에 대한 경제협력사업 중 개도국의 필요한 기술과 노하우의 이전과 같은 개발사업에 대한 간접지원으로 공적개발원조(ODA: Official Development Assistance)의 효과를 기대할 수 있다.[100]

무역보험이 존립하는 궁극적인 목표는 무역거래 활성화를 통해 한국 무역의 발전에 기여함으로써 국가경제를 발전시키는 것으로서 이것이 곧 무역보험의 역할이다. 무역보험이 전반적으로 국가나 정부기관에서 주도적인 관리가 이루어지는 이유는 국가경제발전과 더불어 공공의 목적을 실현하기 위함이라고 볼 수 있다.

---

[100] 심의섭 외(2009) 참조

수출보험 운영 종목

단가수출보험	결제기간 2년 이내의 단기수출계약을 체결한 후 수출대금을 받을 수 없게 된 때에 입게 되는 손실을 보상하는 보험(당해 물품에 발생한 손실은 제외)
중장기수출보험	수출대금의 결제 기간이 2년을 초과하는 중장기수출 계약을 체결한 후 수출이 불가능해지거나 수출대금을 받을 수 없게 된 때에 입게 되는 손실 또는 수출대금 금융계약을 체결한 후 금융기관이 대출원리금을 받을 수 없게 됨으로써 입게 되는 손실을 보상하는 보험
해외공사보험	해외공사계약 체결 후 그 공사에 필요한 물품의 수출이 불가능해지거나 그 공사의 대가를 받을 수 없게 된 경우 또는 해외공사에 사용할 목적으로 공여된 장비에 대한 권리가 박탈됨으로써 입게 되는 손실을 보상하는 보험
수출보증보험	금융기관이 해외공사계약 또는 수출계약 등과 관련하여 수출보증을 한 경우에 보증 상대방(수입자)으로부터 이행청구를 받아 이를 이행함으로써 입게 되는 금융기관의 손실을 보상하는 보험
해외투자보험	해외투자를 한 후 투자대상국에서의 수용, 전쟁, 송금위험 등으로 인하여 그 해외투자의 원리금, 배당금 등을 회수할 수 없게 되거나 보증채무 이행 등으로 입게 되는 손실을 보상하는 보험
농수산물수출보험	농수산물 수출계약 체결 후 수출이 불가능해지거나 수출대금을 받지 못하게 된 경우, 또는 농수산물의 국내가격 변동으로 당해 수출계약의 이행에 따라 입게 되는 손실을 보상하는 보험
환변동보험	수출거래 시나 수출용 원자재 수입거래 시 공사가 보장해 주는 환율과 실제 결제시점의 환율을 비교하여 그 차액을 보상 또는 환수하는 보험
이자율변동보험	금융기관이 고정금리(CIRR)로 대출 후 차주로부터 받은 이자금액과 변동금리(LIBOR) 대출로 받았을 이자금액을 비교하여 그 차액을 보상 또는 환수하는 보험
신뢰성보험	부품·소재 전문기업이 제조 및 판매하는 부품소재에 대하여 제조물 결함으로 인하여 발생하는 부품소재 자체 손해 및 회수비용과 동부품수요 기업의 재물 손해 및 기업휴지에 따른 손실을 보상하는 보험
해외마케팅보험	산업설비 수출 확대를 지원하기 위해 국제 경쟁입찰에 참여하였으나 낙찰받지 못하는 경우, 입찰 과정에서 소요된 비용의 일부를 보상함으로써 산업설비 수출업체들의 입찰 의욕을 고취하고 이를 통해 궁극적으로 산업설비 수출을 지원하는 보험

지식서비스수출보험	국내 수출업체가 정보통신, 문화콘텐츠, 기술, 엔지니어링 등의 지식서비스를 수출하고 이에 따른 지출비용 또는 확인대가(running royalty 포함)를 회수하지 못함으로써 입게 되는 손실을 보상하는 보험
해외사업금융보험	국내·외 금융기관이 외국인(정부, 공공단체 및 외국법인, 관련 금융기관 등)에게 수출 증진이나 외화 획득의 효과가 있을 것으로 예상되는 해외사업에 필요한 자금을 상환 기간 2년 초과의 조건으로 공여하는 금융계약을 체결한 후, 대출원리금을 받을 수 없게 됨으로써 입게 되는 손실을 보상하는 보험
문화수출보험	수출계약이 체결된 영화의 제작과 관련한 투자, 대출거래에서 발생하는 손실을 보상하는 제도
수출신용보증	수출계약과 관련하여 중소기업이 금융기관으로부터 수출이행자금을 대출받거나(선적 전) 환어음을 매입 받을 경우(선적 후), 동 자금을 상환하지 못하게 됨으로써 중소기업이 금융기관에 부담하는 금전 채무에 대한 연대보증

● 출처: 한국무역보험공사(www.ksure.or.kr)

　우리나라는 1968년 12월부터 수출보험법이 제정·공포된 후 대한재보험공사와 한국수출입은행의 정부대행체제를 거쳐 1992년 7월 한국수출보험공사가 설립되어 수출보험산업의 독립전담기관 체계가 확립되었으며, 2010년 10월 수출보험과 수입(투자)보험에 지원까지 관여하는 한국무역보험공사로 출범하였다. 현재 한국에서 운영되고 있는 무역보험은 단기수출보험, 중장기성보험, 환변동보험, 기타보험으로 구분되는 19개 종목과 수출신용보증 2개 종목과 함께 총 21개 종목으로 운영되고 있다.

　무역보험의 한 부분인 수입보험은 국내 수입업자가 선급금 지급 조건의 수입거래나 투자 목적에 해외자원 확보에 따른 거래에서 비상위험 또는 신용위험으로 인해 선급금을 회수할 수 없게 되었을 경

수입보험의 종류

수입보험 (수입자용)	국내기업이 주요 자원의 수입을 위하여 해외에 소재하는 수입계약 상대방에게 선급금을 지급하였으나 비상위험 또는 신용위험으로 인하여 선급금이 회수되지 못함에 따라 발생하는 손실을 보상
수입보험 (금융기관용)	금융기관이 주요 자원의 수입을 위하여 필요한 자금을 국내 수입기업에 대출하였으나 국내 기업의 파산 등으로 대출금이 회수되지 못함에 따라 발생하는 손실을 보상
수입보험 (글로벌 공급망)	금융기관이 소재·부품·장비 생산 중소·중견 제조기업에게 수입을 위하여 필요한 자금을 대출하였으나 기업의 파산 등으로 대출금이 회수되지 못함에 따라 발생하는 손실을 보상

● 출처: 한국무역보험공사(www.ksure.or.kr)

수입보험(수입자용)의 상품구조

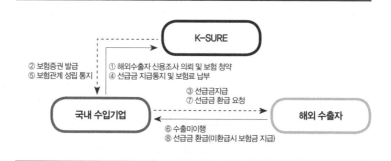

● 출처: 한국무역보험공사(www.ksure.or.kr)

우에 발생하는 손실을 보상해 주는 제도적인 장치라고 볼 수 있다. 수입보험의 종류는 위의 표와 같이 수입자용, 금융기관용 그리고 글로벌 공급망으로 구분하며 상품의 구조는 위의 그림과 같다.

3부

국가경제와
보험산업의
지속가능발전

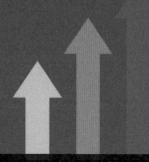

'지속가능한 발전(sustainable development)'은 1972년 6월 스웨덴 스톡홀름에서 열린 '유엔인간환경회의'에서 '하나뿐인 지구'라는 슬로건으로 지구환경 보전을 처음으로 세계 공통과제로 채택하면서 대두되었다. 이후 1992년 6월 브라질의 리우데자네이루에서 열린 유엔환경개발회의(UNCED)에서 지속가능한 발전의 목표 달성을 위한 기본원칙을 담은 선언서가 채택되어 21세기 지구환경 보전을 위한 기본원칙이 되었다.

오늘날 경제성장과 환경보전은 우리가 살아가는 데 동시에 이루어야 할 목표인데, 이 두 가지는 상반되는 면이 많아서 항상 논란이 되어 왔다. 이는 현재 각 국가의 경제개발 및 환경적인 상황이 상이하기 때문에 더욱 그러하다. 이 개념은 사용자에 따라 자신들의 이익에 부합하는 쪽으로 해석이 가능하기 때문이다. 즉, 한편으로는 환경적으로 건전한 것을 강조하여 환경적인 면에 중점을 둔 개념으로 이해되기도 하고, 다른 한편으로는 지속적인 성장이나 발전에 우선순위를 두고 환경문제는 발전을 저해하지 않는 범위 내에서 고려하는 제한적 의미로 보는 등 해석상의 다의성(多意性)을 나타내고 있다.[101]

'지속가능한 발전'의 개념은 미래 세계의 필요를 충족시킬 능력을 저해하지 않으면서 현 세대의 필요를 충족시키는 것이다. 이것은

---

101 김판석·사득환(1999) 참조

유엔환경개발회의 리우회담 개최

● 출처: United Nations Photo

우리가 물려줄 환경과 자연자원을 통해서 미래 세대도 최소한 우
리 세대만큼 잘 살 수 있도록 해야 한다는 전제 아래, 우리에게 주
어진 환경과 자연자원을 이용해야 함을 뜻한다. 따라서 '지속가능
한 발전'은 환경에만 집중하는 것이 아니며, 일반적인 정책의 영
역인 경제, 환경, 사회를 포함한다. 이를 지지하기 위해서 여러
유엔 문서가 있으며, 최근에는 2005년 세계 정상회의 결과문서에
서 '상호 의존적이고 상호 증진적인 지속가능한 발전의 기둥'으로
서의 경제적 발전, 사회적 발전, 환경 보호를 언급했다.[102]

국가경제의 지속가능한 발전은 경제시스템 내의 산업들이 지속가능성장을 하게 될 때 이루어진다고 볼 수 있다. 보험산업의 지속가능성장은 지난 반세기 동안 누적된 소비자들의 불신을 해소하고 신뢰를 얻게 될 때 가능해진다. 보험회사는 수익성을 수반한 지속적인 성장이 유지될 때, 소비자들이 회사의 안정성에 대한 신뢰를 갖게 되어 매출이 증가하는 선순환 구조를 달성할 수 있다.[103]

하지만 지속가능성장의 전제가 되는 장기적인 소비자 신뢰는 기업의 사회적 책임(CSR)에 있어서 윤리적·자선적 책임을 이행할 때 비로소 우러나오게 된다. 한편 수익성을 동반한 지속적인 성장은 보험회사가 끊임없는 혁신을 통하여 소비자의 니즈에 적합한 상품과 서비스를 제공하며, 경영효율화를 달성할 때 가능해진다. 이와 함께 보험산업 규제의 주체인 정부의 정책적인 지원이 맞물릴 때 지속가능성장의 발판이 최적화될 수 있다.

---

103 최영목·최원(2009) 참조

기업의 사회적 책임과 윤리경영

기업의 사회적 책임

기업의 사회적 책임(Corporate Social Responsibility : CSR)이란 "기업이 사회현상에 투영되면서 발생하는 문제들과 기업과 사회의 관계를 지배하는 윤리적 원칙들을 의미한다."고 일찍이 1961년 엘스와 월톤(Eells and Walton)은 정의하였다. 시대적으로 CSR의 정의를볼 때 1950~60년대에는 경제적 이익의 극대화라는 기업의 경제적책임을 중시하였고, 1960~70년대에는 사회운동의 활성화로 기업의 법적 책임을 강조하였으며, 1980~90년대에는 기업의 윤리적 책임을 강조하였다. 1990~2000년대에 들어서는 기업은 다른 사회의

유형	세부 요소
경제적 책임 (Economic Responsibilities)	● 수익 극대화와 일관된 방식으로 수행 ● 수익성이 유지되도록 전념 ● 강한 경쟁력 유지 ● 높은 수준의 영업효율성 유지 ● 일관된 수익성으로 정의되는 성공적 기업
법적 책임 (Legal Responsibilities)	● 법과 정부의 기대와 일관된 방식의 수행 ● 다양한 국가적·지역적 규제에 부응 ● 법규를 준수하는 기업시민이 됨 ● 법적 의무를 충족하는 성공적 기업으로 정의됨 ● 최소 법적 요건을 충족하는 제품과 서비스 제공
윤리적 책임 (Ethical Responsibilities)	● 사회도덕과 윤리규범 기대에 일관된 방식으로 수행 ● 사회에서 채택하는 새로운/진화된 윤리규범 존중 ● 윤리규범이 기업목표 달성을 위해 타협하는 것 방지 ● 도덕적·윤리적 기대치에 부합되는 기업시민이 됨 ● 기업신뢰와 윤리적 행위는 법규 준수를 넘어선다는 인식을 함
자선적 책임[104] (Philanthropic Responsibilities)	● 사회의 자선적 기대와 일관된 방식으로 수행 ● 미술 및 공연예술을 지원함 ● 임직원이 지역사회의 자발적·자선적 활동에 참여 ● 사립 및 공립 교육기관에 지원을 제공 ● 지역사회의 '삶의 질'을 높이는 프로젝트에 자발적 지원

● 출처: 이순재(2018), p.25

구성원과 같이 사회에 대한 의무와 규범을 준수할 책임이 있다고 보는 관점으로 변천하였다.

---

[104] 재량적 책임(discretionary responsibilities)이라 부르기도 한다.

기업의 사회적 책임에 대해 캐롤(A. Carroll)은 네 가지 유형으로 분류하며, 경제적 책임, 법적 책임, 윤리적 책임, 자선적 책임이 이에 해당한다(위의 표 참조). 기업이 국가경제 및 국민생활에서 차지하는 비중이 커지고 그 영향력도 커지자, 사회는 기업에게 경제적 책임과 법적 책임 외에 그 이상의 것을 요구하게 되었다. 그것이 윤리적 책임과 자선적 책임이다.

윤리경영

윤리경영이란 경영 활동의 규범적 기준을 사회의 윤리적 가치체계에 두는 전반적인 경영 활동을 뜻한다.[105] 즉, 법과 제도의 준수는 물론이고 시대마다 조금씩 다르게 요구되는 기업의 사회적 책임을 다하는 경영을 말한다. 앞에서 분류한 네 가지의 사회적 책임 중에서 경제적·법적 책임 수행은 물론 윤리적 책임의 수행까지도 기본 의무로 인정하고, 주체적인 자세로 기업윤리를 준수하는 것을 의미한다(뒤의 그림 참조). 기업의 사회적 책임에 기반한 경영을 CSR 경영이라고 부르는데, 윤리경영은 높은 수준의 CSR 경영에 해당한다.

이러한 윤리경영이 등장하게 된 배경은 2000년대 초 미국의 에너

---

105 위키백과

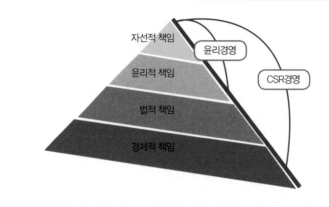

자선적 책임

윤리경영

CSR경영

윤리적 책임

법적 책임

경제적 책임

● 출처: 이순재(2018), p.39

지기업 엔론(Enron)과 통신회사 월드컴(WorldCom)의 회계부정 사건으로 인한 파산으로, 전 세계적으로 윤리적인 경영의 필요성이 심각하게 대두되었던 것이다. 이처럼 비리를 저지른 기업이 규모의 크기에 상관없이 시장 최고형인 퇴출 명령을 받게 된 것은 모든 산업의 경영자와 임직원이 윤리경영을 해야 한다는 절체절명(絕體絕命)의 위기감을 느끼게 만들었다. 그 결과 기업들의 윤리경영 선언이 전 세계적으로 줄을 잇게 되었다.

그런데 보험회사의 지속가능에 윤리경영이 왜 필요하고 중요한 것일까? 보험업에 대한 소비자 신뢰도가 하위권을 유지하고 있으며, 신뢰도 결정의 핵심 변수인 정직성에 대한 사회적 신뢰 기반이 총체적으로 취약하다. 이러한 배경에는 보험영업에 푸시마케팅 (push marketing)이 오랜 기간 관행처럼 이루어져 비자발적인 구매가 빈번히 이루어져 온 현실이 있다. 게다가 보험회사들은 외형 확대 경영으로 보험시장 내 과당경쟁 문제가 지속적으로 제기되고, 판매조직의 대량도입과 대량탈락이 악순환되면서 소비자의 신뢰가 추락하게 된 측면이 있다. 이러한 관행은 불완전판매로 연결되어 보험소비자의 민원을 발생시켰으며, 보험에 대한 신뢰도 저하의 원인이 된 것이다. 이러한 이유에서 보험회사의 윤리경영은 신뢰 제고에 필수적인 선결 과제라 하겠다.

2장

지속적인 공익사업과 사회공헌활동

보험산업의 경우 지난 반세기 동안 쌓인 소비자들의 불신을 해소하고 신뢰 관계를 구축하기 위하여 공익사업과 사회공헌활동을 꾸준히 해 왔다. 그럼에도 소비자들은 이러한 보험업계의 기여와 노력을 잘 느끼지 못하고 있는 것이 현실이다. 어떻게 해야 소비자들의 인식을 바꿀 수 있을까?

보험업계의 공익사업

우리나라 보험산업은 국민들의 생활 안정과 기업들의 재산 보호 등 다양한 보장을 제공함으로써 사회보장을 보완하는 공익적 기능을 수행해 왔으며, 장기자금 공급을 통해 국가경제 발전에도 상당한 기여를 하면서 세계 7위의 보험대국으로 선진국 대열에 서게 되었다. 이러한 보험산업은 지난 1960년대 이후 꾸준히 성장을 해 오면서 금융산업의 한 축으로 자리 잡게 되었으며, 이에 따라 보험업계 내에서는 1970년대부터 공익사업을 추진하게 되었다.

이후 1990년대에 들어서며 생보업계의 기업공개와 맞물려 공익사업을 넘어 사회공헌활동으로 확대되어 왔다. 보험회사의 공익사업과 사회공헌활동은 개별 보험회사 차원에서 프로그램이 수행될 뿐 아니라, 업계 전체 차원에서 협회를 중심으로 추진되는 규모가 큰 사업도 존재하는 이원적 구조라 할 수 있다.

손해보험업계의 경우 각종 사고 및 재난 예방을 위한 사업을 지속적으로 해 왔다. 1970년대에는 주로 화재 사고 예방을 위한 광고 · 영화 제작 등이 있었고, 1980년대에는 교통사고 예방을 위한 사업이 지속적으로 전개되었다. 즉, 교통사고현황보도전광판 · 횡단보도교통안전표시등 · 사고예방선전탑 등의 교통안전시설물을 설치 · 운영하는 데 노력을 기울였으며, 거리질서 캠페인 및 안전운전책자 발간 등의 사업을 부수적으로 시행하였다.

이후 정부의 권고에 따라 공익사업을 강화해 나가기로 하여 손해보험협회는 1990년 12월 공익사업추진위원회를 설립하였고, 1991년부터는 본격적인 공익사업 추진을 하게 되었다. 그리하여 1991년 시작 당시 교통사고 사망자 수가 13,429명에 달했으나 2004년도에는 6,563명으로 49%나 줄어들어 교통사고 예방에 크게 기여한 것으로 나타났다.[106] 한 예로 최근에는 행안부, 경찰청, T맵 등과 합동으로 어린이 교통사고 사망자 줄이기 캠페인 등을 추진하고 있다.

공익사업은 모든 손해보험회사가 참여하는 공동공익사업, 각 손해보험회사가 독자적으로 추진하는 개별공익사업으로 구분된다. 공동공익사업에는 교통사고예방사업, 보험범죄방지사업, 소년소녀 가장 돕기, 사회복지시설 위문활동, 환경보호활동, 재난복구사업 등이 있으며, 개별공익사업은 각 손해보험회사의 특성에 맞게 교통사고예방사업, 문화예술 및 체육 부문 지원, 학술 및 과학 지원 사업 등이 있다(옆의 표 참조).

생명보험업계는 교보생명과 삼성생명이 1989년과 1990년에 기업공개를 위한 자산재평가를 실시하여 재평가차익이 발생하였고, 이 중 일부분은 과거 계약자 몫이라는 여론에 따라 이를 공익사업으로 활용하는 방안이 대두되었다.

한국보험학회의 기업공개 관련 심포지엄(1990.3.20)에서 재평가차익 중 과거계약자 지분을 공익사업에 투자해야 한다는 의견이 수렴되었으며, 같은 해 재무부는 '생보사 잉여금 및 재평가적립금 처리지침'(1990.8.31)과 '보험사 공익사업 추진방안'(1990.12.24)을 시

---

[106] 손해보험협회(2006)

보험 속의 경제학

구분	주요 사업 내용
공동추진사업 법적 책임 (Legal Responsibilities)	• 교통사고예방사업 – 교통안전 홍보 및 사고예방 캠페인 – 고속도로 톨게이트 안전운전 캠페인 – 민·관 합동 교통안전 워크숍 개최 – 네이버 온라인 교통안전 캠페인 실시 등
	• 인보사업[107] – 양로원, 고아원 등 지원, 노인 무료급식활동 – 교통사고유자녀 학자금 및 생활비 지원 – 소년소녀 가장 돕기 등
	• 기타 사업 – 보험범죄방지대책 회의 운영 – 보험범죄 수사 지원, 보험범죄 방지 홍보 등
개별추진사업	• 교통사고예방사업 – 교통사고통계운영판 및 고속도로정보판 운영 – 도로교통법, 교통특례법 등 교육 – 여성 운전자교실 운영 등
	• 인보사업 – 학교 및 연구소 등 연구기관 지원 – 장애인·소외계층 지원
	• 문화체육진흥사업 – 한중문화협회, 자선음악회 등 각종 문화행사 지원 – 스포츠단 운영 및 지원
	• 기타 사업 – 리스크 서베이 및 위험안전진단보고서 작성 – 방재정보자료 제작 및 방재계몽활동 등

• 출처: 손해보험협회(2006)

---

[107] 인보(鄰保)사업이란 일정 지역에 종교 단체나 공공 단체가 들어와 보건, 위생, 의료, 교육 따위의
다양한 활동을 통하여 주민들의 복지 향상을 돕는 사회사업을 말한다.

달하여 재평가차익의 과거계약자 지분을 공익기금으로 적립하고, 매년 그 이자 발생액으로 '재평가 재원 공익사업'을 전개하며, 아울러 전 생보사가 참여하는 '공동공익사업'을 협회 주관으로 시행하도록 하였다.

이러한 '보험사 공익사업 추진방안'에 따라 공익사업의 체계적이고 총괄적인 운영을 위해 1991년 1월 24일 생명보험협회 내에 '생명보험공익사업추진위원회'를 설치하였다. 생보업계 공동의 공익사업과 개별 생보사의 공익사업으로 구분하여 추진되었다. 공동공익사업은 생명보험협회가 주관하여 실시하는 사업으로서 공익사업 추진위원회에서 승인을 받아 첫 번째 사업으로 1992년 6월 23일 전국의 아동복지시설 중 15개 시설을 선정하여 주로 시설 보수 및 난방시설 설치, 통학차량 구입 등에 지원을 하였는데, 1997년까지 6년간 계속되었다.

1993년 5월 14일에는 6개 생보사의 휴면보험금에서 발생한 이자를 재원으로 전국의 소년소녀가장 및 아동복지시설 거주학생 537명에게 '소년소녀가장 장학보험'을 무료로 가입시켜 주었다. 2000년부터는 거동이 불편한 노인과 장애인의 목욕을 돕도록 설계된 이동목욕차를 제작하여 사회복지단체에 기증해 왔으며, 2009년 이후 공동공익사업은 '생명보험사회공헌사업 추진을 위한 협약'에 따라 사회공헌활동에 연계하여 추진하고 있다.

생명보험 공익사업의 종류 및 주요 사업 내용

구분		주요 사업 내용
공동 공익 사업		• 생명보험협회 주관, 전 생명보험사 분담 – 아동복지시설 후원(1992~1997, 전국 90개 시설) – 소년소녀가장 장학보험 가입 지원(1993) – 청각장애인 TV 자막수신기 지원(1998) – 이동목욕차 제작 기증(2000~) – 노인 및 장애인에 대한 생활보조금 후원 등
개별 공익 사업	일반 재원	• 각 생명보험회사가 자율 추진 – 미숙아 지원, 심장병 및 백혈병 소아암환자 등 지원 – 노인, 장애인, 소년소녀가장 지원 – 장학사업, 기부활동, 농어촌 지원 – 문화체육예술행사, 공익캠페인 전개 – 자원봉사활동 지원 – 임대주택 건설, 해외 소외계층 지원 등
	재평가 재원	• 삼성생명·교보생명 추진 • 삼성생명 – 얼굴기형환자 수술 지원(1999~2000) – 결식노인 무료급식(1991~2000) – 어린이집 운영지원(1991~) 등 • 교보생명 – 체육꿈나무 양성, 소아암환자 돕기 – 지역 전통문화 예술행사 지원, 무료 간병봉사단 운영 – 노인은퇴생활 지원, 학술연구단체 후원 – 공익재단 출연 및 사업지원 등

• 출처: 생명보험협회(2010)

보험업계의 사회공헌사업

2007년 생명보험회사 상장에 대한 논의가 무르익어 가는 중에 생명보험업계에서는 기존의 공익활동과 더불어 업계 공동의 대규모 사회공헌사업의 활성화를 도모하자는 데 공감대를 이루게 되었다.

사회공헌사업은 업계 공동의 사업이므로 가능한 한 다수의 생명보험회사가 연합하여 대규모의 사업을 지속적으로 추진하고, 이를 위한 재원은 생보사들이 이익의 일정 부분은 2007년부터 20년에 걸쳐 지속적으로 총 1조 5천억 원을 출연하기로 합의하였다. 이 협약에 참여한 생보사는 당시 17개사에서 2008년 1개사 추가하여 총 18개 생보사이다. 2007년 11월 30일에는 '생명보험사회공헌재단'이 설립되어 5대 목적사업인 희귀 난치질환 지원, 저소득 치매노인 지원, 사회적 의인 지원, 자살예방 지원, 저출산·미숙아 지원을 시행해 오고 있다. 협회는 '협약에 따라 사회공헌기금 등을 통해 수행하는 사회공헌사업'을 신설하여 학술연구·금융교육, 장학사업, 사회복지, 생명보험 건전문화 확산을 위해 기금 사업을 수행해 오고 있다. 사회공헌위원회는 협약에 따라 재단과 기금 외에 사회공헌사업의 효율적 수행을 위해 회사의 제안을 받아 공익법인을 지정하며, 지정법인은 사회공헌사업의 파트너 기관으로서 국민들이 절실히 필요로 하는 사회복지사업을 중점적으로 전개해 오고 있다. 이와 같이 생명보험 사회공헌사업은 재단, 기금, 지정법인을 통해 종합적인 균형과 조화를 이루어 생명보험이 추구하는 국민생활 보장, 국민복지 증진, 국민건강 촉진을 도모하고 있다.[108]

---

108 생명보험협회(2010)

한편 지난 반세기 동안 보험업계의 지속적인 공익사업 및 사회공헌 프로그램에도 불구하고 대다수 소비자들은 보험회사가 수행하는 사회공헌 활동을 인지하지 못하고 있다는 조사가 있다. 즉, 보험사들이 그동안 수천억 원을 들여 사회공헌사업을 추진해 왔지만 이를 인지하는 소비자는 3.8%에 그치는 것으로 나타났다.[109] 단순 기부 형태의 사회공헌이 소비자들에게 어필하지 못하고 있다는 지적이다. 단순한 기부를 넘어 소비자가 체험하고 공감할 수 있는 차별화된 사회적 책임 이행 전략을 통해 소비자 신뢰도를 제고해야 한다. 특히 보험계약자가 체감할 수 있도록 보험서비스와 사회공헌 활동을 연계하여 활용할 필요가 있다.

109　변혜원(2020)

3장

지속가능경영과
ESG 경영의 실천

지속가능경영 시대의 도래

우리나라는 1960년대에서 1980년대에 이르기까지 정책적 우선 순위를 경제개발에 두고 있었고, 환경보호나 환경보존의 논리는 뒷전에 밀려나 있었다. 환경오염 문제는 경제개발의 당연한 결과로서 모든 경제활동의 부산물로 나타나는 것으로 인식되고 있었다. 그리하여 경제활동이 확대·고도화될수록 환경오염은 심각해질 수밖에 없는 관계, 즉 환경보존과 경제개발은 상충관계에 있다고 간주하게 되었다.

그러나 오늘날 환경문제는 단순히 경제발전과 상충관계 문제로 이해하거나 해결이 어려운 문제로 치부하여 방관만 하고 있을 수 없는 상태에 이르렀다. 환경보전보다는 단기성장을 통한 이윤만을 추구했던 1980년대의 전통적 경영, 이로 인한 피해로 나타난 광범위한 지역의 환경오염과 이상기후변화의 피해를 감소시키기 위해서 경제와 환경의 조화를 강조했던 1990년대의 환경적 경영을 거쳐 2000년대에는 지속가능경영의 시대가 왔다.

지속가능경영이란 지속가능한 발전을 지향하는 시대적 요구를 반영하여 기업을 경영하는 방식이다. 기업가치의 지속적인 유지 및 증대라는 경영 목표를 달성하기 위해서 지구 생태계를 파괴하지 않는 범위 내에서 발전을 도모하고 경제적 이윤을 획득하여 국가경제에 기여하는 것뿐만 아니라, 인간지향적인 윤리적 태도로 사회적 정의 실현, 사회복지 추구 등 사회적 책임을 다하는 것이다. 즉, 환경·경제·사회 요소를 고려하여 경영계획을 세우고 자원을 효율적으로 배분하는 활동이라 할 수 있다.

'지속가능성'은 전 세계 모든 산업 영역에서 기업활동의 전략적 핵심으로 자리 잡았다. 일부에서는 이를 기업경영의 최근 추세로 인식하고 있는 반면에, 다른 이들은 지속가능성을 이미 진행 중인 사업모형의 혁명으로 이해하고 있다. 이러한 발전의 요점은 지속가능 사업모형이 환경적 책임과 경제적 책임을 분리시키지 않는다는 것이다. 이런 관점에서 지속가능 정책과 관행, 그리고 제품을 추구하는 것은 경제적으로 합리적인 것이다.

환경문제에 관한 세계적인 관심이 높아지면서 GRI[110]를 통해 보고서를 낸 기업에 대한 국제적인 평가가 높아지는 추세이다. 우리나라에서는 현대자동차가 2003년 최초로 GRI 가이드라인에 부합하는 지속가능보고서를 발간했고, 같은 해 포스코와 삼성전자가 뒤를 이었다. 지속가능보고서를 발간한 기업은 2009년에 54개로 늘어났으며, 보험산업의 경우 현대해상이 2005년에 지속가능보고서를 발간한 이래 삼성생명, 교보생명, 삼성화재, 동부화재 등 주요 보험회사들도 지속가능보고서를 발간해 오고 있다.[111]

ESG 경영으로 지속가능성장

"기업의 비즈니스 모델 혁신은 '사회문제'로부터 시작해야 한다는 지적이 높아지고 있다. 이해관계자들이 겪고 있는 사회문제를 파악하고 이를 해결하는 과정을 통해 새로운 매출과 이익을 일으킬 수 있어야 한다는 것이다. 2021년 우리나라는 물론 글로벌 기업들 사이에서 ESG 경영에 대한 관심이 부쩍 높아진 이유다. 과거의 기준

---

110 GRI(Global Reporting Initiative)는 기업의 지속가능보고서에 대한 가이드라인을 제시하는 국제기구이다. 지속가능보고서란 기업이 환경과 사회 문제에 대해 책임을 다하겠다는 계획을 담은 보고서를 뜻한다. 1989년 초대형 원유유출사고(Exxon Valdez) 이후 미국의 환경단체인 세리스(Ceres)는 이 같은 사고의 재발을 막기 위해 1997년 유엔환경계획과 협약을 맺고 GRI를 세웠다.

111 이순재(2018)

에서 볼 때 ESG는 사실 지극히 비재무적 요소들이다. 하지만 ESG 에 대한 관심은 꾸준히 커지고 있다. 최근엔 기업의 입장에서 ESG 경영에 대한 관심은 이제 선택이 아닌 필수라고 해도 과언이 아니 다. 한 예로 미국 애플은 '2030년까지 전 세계 제조 공급망에서 탄 소중립화 100% 달성'을 천명했다. 애플과 거래를 원하는 기업은 탄 소배출량 축소는 불가피한 상황이란 얘기다. 여기에 미국 마이크로 소프트와 독일 메르세데스 벤츠, 프랑스 다농 등 9개 기업은 탄소 배출량 제로화를 위한 컨소시엄을 결성했다. 글로벌 투자자의 투자 기준도 바뀌고 있다. 세계 최대의 자산운용사인 블랙록은 투자 결 정에서 '환경지속성' 같은 ESG 관련 사항들을 기준으로 삼겠다고 지 난해 1월과 3월 주주 서한을 통해 밝힌 바 있다."[112]

ESG 경영이란 환경(Environmental), 사회(Social), 지배구조 (Governance)의 약칭으로 지속가능한 경영을 의미한다. ESG 경영 이란 기업이 이윤 추구라는 재무적 활동을 넘어 환경보호와 사회적 책임 등 비재무적 요소도 경영의 일환으로 삼는 것을 말한다. 아울 러, 기업의 주인을 주주 이외에 임직원, 소비자, 협력업체, 지역공동 체 등까지 포괄하는 광범한 이해관계자로 보고 이들 모두를 위해 민 주적이고 투명한 거버넌스(의사결정시스템)를 갖추는 것을 의미한다.

---

[112] 이순재(2018)

ESG의 구성요소

환경(Environmental)	사회(Social)	지배구조(Governance)
• 기후변화 • 자원고갈 • 물 • 공해 • 삼림파괴	• 인권 • 현대 노예 • 아동 근로 • 근로조건 • 근로자 관계	• 뇌물 및 부패 • 경영진 보상 • 이사회 다양성 및 구조 • 정치적 로비 및 기부 • 조세 전략

• 자료: UN Principles for Responsible Investment

1987년 세계환경개발위원회(WCED)가 제시한 '지속가능한 발전' 개념에서 출발하여 등장한 개념이 기업의 사회적 책임(CSR)이며, 2006년 유엔의 책임투자원칙(PRI) 발표 이후 연기금 등 투자자들이 사회적책임투자(SRI) 참여를 선언하면서 지속가능한 투자를 위해 기업의 비재무적 가치를 평가하기 시작한 것이 ESG 경영·투자의 뿌리라고 할 수 있다.

2020년은 ESG에 대한 관심과 논의가 폭발한 해였다. 코로나 팬데믹이 결정적 계기로 작용했다. 코로나19로 야기된 환경 및 생태계 파괴에 대한 우려, 소득 및 사회 양극화의 심화 등은 기업과 금융회사들이 ESG 경영을 앞다투어 표방하도록 만들었다. 2021년 국내 주요 기업 CEO들의 신년사에서 가장 중요한 화두로 ESG 경영이 등장했다. 우리나라에서는 금년이 ESG 경영의 원년이라 할 수 있지만 선진국에서는 이미 수년 전부터 시작되었고, ESG 요인을 투자의사 결정에 반영하는 ESG 투자와 맞물려 이제 경영과 투자에

보험업계 사장단의 ESG 경영 선포식

• 출처: 손해보험협회

있어 핵심적인 사안으로 자리를 잡아 가고 있다.

이와 관련하여 국내 보험사 최고경영자(CEO)들이 한자리에 모여 ESG 경영을 하겠다고 공동선언을 했다. 보험업계 사장단은 ESG 경영 선언문에서 ① 소비자·주주·임직원이 함께하는 ESG 경영으로 보험산업 신뢰도 제고, ② 보험의 안전망 역할 제고와 사회공헌을 통한 포용금융 실천, ③ 온실가스 감축 및 저탄소 경제 전환 노력에 동참, ④ 에너지 절약 등 친환경 문화 확산 및 신뢰기반의 금융인재 양성, ⑤ 윤리·준법경영 등을 통한 투명한 기업문화 조성 노력 등을 실천 과제로 제시했다. 정부 차원에서도 보험산업의 ESG 경영·투자 활성화를 위하여 경영실태평가에 ESG 경영·투자 인센티브를 반영하고, 적극적으로 보험회사의 경영과 문화를 개선해 나

가도록 정책의 방향을 제시했다.[113]

ESG 경영의 해외 현황

미국에서는 보험회사들의 ESG 투자와 포트폴리오 구축에 대한 관심과 참여가 증가했다. ESG 투자 분야에 생소한 보험회사가 취한 접근 방식은 처음에는 포트폴리오를 관리할 가장 적절한 ESG 체계를 생각해 내고, 그것이 다양한 의사결정에 어떻게 영향을 미치는가를 찾아내는 것이었다. 역사적인 분석에 의하면 ESG를 포트폴리오에 통합하는 것이 유리하다는 것을 보여 주고 있다. 즉, ESG 투자가 도덕적일 뿐만 아니라 장기적인 성과를 창출할 수 있다는 것이다.

캘리포니아와 뉴욕주에서는 규제당국이 ESG에 관심을 점점 더 집중하고 있으며, 해당 주에 본사를 둔 보험회사들은 이러한 변화를 주시하고 있다. 또한 새 행정부가 파리기후변화협정에 다시 가입하는 등 ESG 정책을 옹호하고 촉진하겠다는 의사를 공개적으로 밝히면서 규제당국과 정부가 주도하는 고려 사항이 확대될 가능성이 있다. ESG 요인을 고려하고 그에 근거하여 경영을 하는 기업을 더 높게 평가하고 선호하는 특정 유형의 고객(예를 들면, 밀레니얼 세

---

113 금융위원회 보도자료(2021.03.02)

대)을 유치하는 측면에서 ESG를 마케팅 기회로 보는 보험회사도 있다. 특히 유럽의 보험회사들은 ESG와 관련하여 앞장서고 있고, 그러한 고려 사항을 전사적으로 통합하고 있는 것으로 보인다.[114]

ESG 경영의 국내 현황과 사례

금융업권 가운데 ESG 경영에 대한 반응 속도가 비교적 느렸던 보험회사들의 움직임이 빨라지고 있다. 한국기업지배구조원이 발표한 보험사들의 ESG 경영 평가는 대부분 B등급에 그쳤다. 지난해부터 ESG에 적극적이었던 금융지주사들이 A+를 받은 데 비해 다소 미진하다는 평가를 받은 셈이다(뒤의 표 참조).

2021년 2월의 'ESG 경영 선포'에 이은 보험업계의 실천 사례를 살펴보자. NH농협손해보험은 ESG 투자 확대의 적극적인 이행을 위해 NH-아문디 자산운용과 'ESG채권 투자일임 계약'을 체결했다. 최대 2,000억 원까지 분할매수 방식으로 운용되는 일임계약을 통해 우량 ESG채권에 선제적으로 투자할 예정이며, 그간 은행권 위주로 발행되던 ESG채권을 업계 최초로 내놨다. NH농협생명보험 역시 ESG 후순위채 발행을 추진하고 있다. ESG채권을 발행한 법인은 조달된 자금을 신재생에너지 등 친환경 사업 분야와 일자리

---

114 Property Casualty 360°(2021.02.26)

주요 보험회사들의 2020년 ESG 종합등급

업권	회사명	등급
생명보험	삼성생명	B+
	한화생명	A
	미래에셋생명	B
	동양생명	B
손해보험	삼성화재	A
	현대해상	A
	DB손해보험	B+
	메리츠화재	B
	한화손해보험	B+
	롯데손해보험	B+

● 출처: 한국기업지배구조원

창출, 사회 인프라 구축 등 적격성이 인정된 사업에 투자해야 한다.

삼성화재와 삼성생명은 2030년까지 ESG 투자액을 대폭 확대한다고 밝혔다. 삼성화재는 2020년(3조5천억 원)보다 3배 늘린 10조5천억 원까지, 삼성생명은 같은 기간 20조 원까지 늘릴 계획이다. 투자는 ESG 경영 중 환경 부문에 해당되는 태양광·풍력·연료전지 등 신재생에너지 사업과 청정 수처리 사업에 집중될 전망이다. 채권투자 포트폴리오에는 주택금융공사가 발행한 정책 모기지채권,

보험 속의 경제학

일자리 창출 등 사회적 목적 사용 채권, 그린본드 등이 추가된다.[115]

교보생명은 투자 의사결정 과정에 지속가능 기업에 대한 투자를 늘려 재무적 요소뿐만 아니라 사회적 책임도 다한다는 각오다. 2020년 말 기준 도로, 항만 등 사회간접자본(SOC)과 신재생에너지 등 친환경 시설에 8조9,716억 원을 투자했다. 해외 ESG 상장지수펀드(ETF)와 펀드에도 투자를 확대해 전체 투자규모 중 사회책임투자가 차지하는 비율이 9.76%에 달하고, 이 중 친환경 금융투자 비율은 41.9%까지 높아졌다.[116] ESG 경영 실천을 위해 도시숲 조성에 나서는 보험회사도 있다. NH농협생명은 2021년 6월 22일 사단법인 '생명의 숲'과 함께 도시숲 조성을 위한 업무 협약식을 실시했다. 서울 홍은사거리 교통섬 내 숲 조성은 도심 내 소규모 유휴공간을 녹지로 활용해 차량 미세먼지 및 도시열섬현상으로 열악해지는 도시환경을 개선하기 위한 사업이다. 시민, 고객에게 생활권 녹지를 제공함으로써 지속가능한 사회를 만들겠다는 취지다.[117]

한화생명은 최근 장애인 직업재활시설 '굿윌스토어'와 함께 임직원의 물품을 기증하는 '기브 그린 캠페인'을 진행, ESG 경영 실천에 힘쓰고 있다. 이번 캠페인은 자원 재활용을 통해 환경보호에 기여

---

115 뉴스웨이(2021.07.19)
116 녹색경제신문(2021.07.06)
117 아주경제(2021.07.12)

하고, 장애인 직원의 경제적 자립을 돕기 위해 마련되었다. 삼성화재는 모바일 기기를 활용한 전자서명 활성화를 통해 90% 이상을 종이 없는 보험계약으로 체결 중이며, 자발적 온실가스 감축 목표를 수립해 사내 캠페인 등 온실가스 감축 활동을 진행하고 있다.

ESG 관련 상품도 늘어나는 추세다. 현대해상은 전기자동차 전용 보험(2016년), 퍼스널 모빌리티(전동킥보드, 전기자전거 등) 보험(2018년) 등 선제적으로 친환경 상품과 서비스를 확대해 오고 있다. 삼성화재는 자동차보험 마일리지 특약을 신설하는 등 친환경 상품을 출시했으며, DB손해보험도 2021년 3월 전기차 전용 자동차보험을 출시했다. KB손해보험은 친환경보험의 일환으로 'KB 시티즌 자전거보험'을 판매 중이다. 보험회사는 동질의 위험에 처한 다수의 고객으로부터 위험을 인수하여 분산시키는 보험인수 업무와 이 과정에서 모아진 책임준비금 등을 투자하는 과정에서 환경 및 사회적 책임을 이행할 수 있다. 예를 들면, 지속가능 투자의 측면에서 최초 자산으로 불리는 석탄산업 등 기후위기를 악화시키는 산업에 대한 투자를 줄여 나가며 환경 관련 책임을 이행하거나, 보험의 사각지대에 놓인 사회취약계층에 대한 소액보험 활성화 등을 통하여 보험인수 측면에서 사회적 책임을 이행할 수도 있다.

보험회사 ESG 경영의 구체적인 실천은 보험의 판매 과정에서 상품설명서의 실물 교부 및 보관을 전자적 방법을 이용하여 개선하는 방법으로도 이루어질 수 있다. 보험회사는 ESG 경영 확대를 통하여 높아지는 기후위기에 대한 경각심을 고려하여 녹색 인프라[118] 투자 수요를 사업모형에 적용할 수 있으며, 기업의 환경 및 사회적 책임에 대한 관심에 효과적인 대응을 통하여 산업에 대한 사회적 신뢰도를 높일 수 있는 기회로 활용할 수 있다.[119]

소비자보호와 지속가능

보험의 지속가능을 위한 필수 요소 중 하나는 소비자 보호이며, 포스트 코로나를 준비하며 새로운 환경에 대응하면서 소비자 보호에 대한 강화된 노력이 필요하다. 한국소비자원의 2019년 「한국의 소비생활지표 조사」에서 소비자가 뽑은 3대 중요 소비생활 분야가 '의·식·주'에서 '식·주·금융·보험'으로 변화(식품·외식 21.4%, 주거·가구 12%, 금융·보험 11.4%의 순)하여 소비생활에서 금융·보험의 중요도가 높아졌다. 그 이유는 국민들의 소득수준이 높아지고 수명이 늘어나면서 자산의 체계적 관리에 대한 요구가 늘어났기 때문으로 분석하였다. 그러나 금융·보험은 소비생활 만족도 측면에서 가장 낮은 것으로 나타나 그 원인이나 환경에 대한 고민과 해결방안 모색이 필요하다.

---

118 녹색인프라는 정원, 공원, 녹지, 하천, 습지, 농경지, 그린벨트 등을 녹색길로 연결하는 네트워크를 말한다.

119 이승준(2021) 참조

2008년 글로벌 금융위기의 원인 중 하나가 금융소비자 보호가 미흡하였다는 점이 지적되었고, 금융소비자 보호가 금융시스템의 안정성과 지속가능성에 있어 필수 요소라는 인식이 확산되면서 강화된 금융소비자 보호에 관한 공감대가 이루어졌다. OECD는 2011년 11월 G20 정상회의에서 '금융소비자 보호에 관한 10대 원칙'[120]을 공동선언문으로 채택하였다. 우리나라의 금융당국이나 업계도 이 원칙들을 지향하고 있다고 생각하지만, 실제 우리나라 금융·보험시장에서 충분히 적용되고 있는가를 볼 때 그 수준이나 정도에 있어서는 차이가 있어 보인다.

소비자시장 성과지수에서 기대 대비 만족도와 소비자불만 처리에 있어서 낮은 수준을 보인 것은 이 원칙들에 비추어 볼 때, 금융소비자의 이익보다는 금융회사나 판매자 이익에 더 부합되는 영업활동, 또한 불만 처리를 위한 구제 방안에 있어서 입증책임의 문제나 집단소송제와 같은 다수의 피해 발생에 대한 구제 시스템 미비

---

120 10대 원칙을 요약해 보면 다음과 같다. ① 서비스와 분야별 구체성을 고려한 규제와 감독체계로 새로운 금융상품·운용구조·운용방법·제공방식 등에 즉각 대응 ② 금융소비자 보호 권한과 책임이 있는 독립적 금융감독기관 ③ 금융소비자에 대한 공정하고 공평한 대우 ④ 모든 단계에서의 적절하고 투명한 정보 제공 ⑤ 금융소비자에 대한 소비자로서의 권리와 책임에 대한 금융교육과 금융의식 제고 ⑥ 금융소비자의 최고의 이익을 위해 일하는 책임 있는 영업행위 ⑦ 사기나 횡령으로부터 소비자의 자산 보호 ⑧ 적절한 메커니즘을 통한 개인정보 보호 ⑨ 불만 처리를 위한 적절한 장치와 구제 방안 마련 ⑩ 소비자에게 더 많은 선택 기회 제공과 품질 향상을 위한 경쟁 촉진

보험 속의 경제학

때문이라고 지적할 수 있다. 2021년 3월 25일 시행된 '금융소비자 보호에 관한 법률'은 금융소비자 보호의 실효성을 높이고 국민경제 발전에 이바지함을 목적으로 하고 있지만, 이를 위해서는 보험업계의 자발적이고 적극적인 노력이 반드시 함께 가야 한다.[121]

법과 제도에 의한 소비자 보호는 한계가 있다. 소비자는 알고 있다. 마지못해 시늉만 하는 기업의 소비자 보호 활동은 결국 알아채게 되며, 지속성이 결여되었기에 법과 제도가 바뀌면 같이 바뀐다는 속성을 잘 알고 있다. 기업 내부에서 자발적으로 우러나오는 소비자 위주의 상품과 서비스 제공을 통해서만이 지속가능한 기업이 되고 산업이 존재할 수 있다. 지금과 같은 시대적인 전환점에서 이러한 속성을 간과하고 적절히 대응을 못하는 산업은 도태되거나 타 산업에 비해 부진을 면치 못하게 될 것이라는 점을 인식해야 한다.

---

[121] 강정화(2020) 참조

4장

정부의 역할과
보험산업의 혁신

정부의 규제와 정책

보험산업은 규제산업으로서 규제를 만들고 실행하는 정부의 역할이 중요할 수밖에 없다. 이는 비단 우리나라뿐 아니라 대부분의 나라에서 정부의 규제를 받는다는 측면에서 대동소이하다. 제1부에서 살펴본 우리나라 보험의 발전 과정을 보면 시대마다 정부의 역할이 보험산업의 운명을 좌우할 정도로 깊이 관여해 왔음을 알 수 있다. 특히 위기상황으로 인한 산업의 구조조정에 있어서는 시장의 자율성보다는 정부의 주도적인 역할이 필요하다는 데에 암묵적인 동의를 해 왔다.

국가 기능의 다양성

정부 개입의 정도	정부 개입의 근거			
	시장실패에 대한 대응			형평성 개선을 위한 대응
최소 기능	• **순수공공재 공급** – 국방 – 치안 – 재산권 보호 – 거시경제 관리 – 공중보건			• **빈민 보호** – 빈곤퇴치사업 – 재난구호
중간 수준 기능	• **외부성 대응** – 기초교육 – 환경보호	• **독점 규제** – 유틸리티규제 – 반독점정책	• **불완전정보 극복** – 보험(건강, 생명, 연금) – 금융규제 – 소비자보호	• **사회보험 제공** – 재분배연금 – 가족수당 – 실업보험
적극 기능	• **민간활동 조정** – 시장 조성 – 클러스터 개발			• **재분배** – 재산 재분배

● 출처: World Bank(1997)

정부 역할에 대한 1997년 세계은행보고서는 정부 개입의 정도와 정부 개입의 근거를 중심으로 정부활동의 다양성을 구분한다. 즉, 정부 개입의 정도는 세 단계로 최소 개입, 중간수준 개입 그리고 적극 개입으로 구분하며, 정부 개입의 근거는 크게 두 가지로 하나는 시장실패의 극복이고 다른 하나는 형평성의 개선이다. 위의 표는 정부 개입의 정도와 근거에 따른 다양한 정부활동을 보여 준다.

이에 따르면 보험에 대한 정부의 규제는 불완전정보로 인한 시장실패에 대응하는 정부의 활동으로서 중간수준의 정부 개입에 속한다고 볼 수 있다. 경제발전을 위한 정부 역할에 대하여 노벨상 석학 스티글리츠(Stiglitz)는 1996년 세계은행 컨퍼런스에서 6개 역할을 제시했는데, 그중 하나가 '금융 규제'의 역할이다. 정부가 이 역할을 제대로 못하면 시장실패로 인해 자본의 효율적 배분이 어렵게 때문에 금융기관의 안전성과 건전성을 담보하기 위한 정부의 역할이 필요하다고 하였다.

이러한 맥락에서 우리나라 보험산업의 정책 방향을 설정하는 금융위원회의 2021년 업무계획을 살펴보면 '보험산업의 지속가능한 혁신과 성장을 지원하고 소비자 신뢰를 제고하기 위한 정책의 마련'이라고 명시하고 있다.[122]

이는 보험산업의 지속가능성장이 국가경제의 지속가능발전에 기여하게 된다는 전제하에 정책의 방향을 설정한 것이라 본다. 즉, 정부의 역할은 보험산업이 지속가능성장을 하도록 정책적으로 지원하는 것임을 의미한다.

관치금융과 낙하산 인사 지양(止揚)

보험산업은 금융산업의 한 축을 차지하는 주요한 산업으로서 오랜 기간 정부의 엄격한 규제와 감독을 받아 왔으며, 그 결과 '관치금

---

[122] 금융위원회(2021)

융'의 틀 안에 갇혀서 회사가 자율적인 경영 기반을 구축하는 데 눈에 보이지 않는 제약이 존재해 왔다. 관치(官治)라는 한자어는 정부가 다스린다는 뜻이니까 관치금융은 '정부가 금융을 다스린다.'는 뜻으로 볼 수 있다. 보험산업과 같은 민간부문의 경우 자율적이고 자생적으로 보험경영인이 만들어져야 함에도 불구하고, 오랜 기간 정부 또는 감독당국에서 낙하산 인사로 내려보내는 관행이 일부 보험회사와 보험협회 등에 빈번히 있어 왔다.

앞에서 구조조정의 성공 사례로 보았던 서울보증도 대한보증과 한국보증 시절 정부 · 감독당국 고위관료들의 낙하산 인사가 지속되어 왔으며, 서울보증으로 환골탈태한 이후에도 이러한 정부의 입김은 여전히 지속되고 있는 것이 현실이다. 보험협회의 경우에도 관행처럼 낙하산이 이루어지고 있다. 오죽하면 협회장을 맡았던 원로 보험인이 임기를 마치며 언론과의 인터뷰에서 용기를 내어 "정부는 자율적으로 운영되는 단체에 대하여 인사에 관여하지 않는 날이 오기를 바란다. 낙하산 인사가 청산되어야 우리 사회가 제대로 성숙한 사회로 발전할 것이다."라는 소회를 표출했는지 당시의 현실과 고충이 짐작된다.[123]

보험업계, 나아가서는 우리 사회가 성숙한 모습으로 탈바꿈하는

---

[123] 한국보험학회(2014), 보험경영의 어제와 오늘: 제2부 원로 보험인의 남기고 싶은 이야기.

데에는 소위 '낙하산 인사'라는 용어 자체가 없어지는 것이 우선일 것이다. '보험인은 태어나는 것이 아니라 만들어지는 것이다.'라는 말이 있듯이 보험경영인 또한 보험시장이라는 울타리 안에서 보험의 다양한 기능과 특성을 이해하고 현장에서의 경험들을 경영에 적용할 수 있는 보험인이어야 한다.

보험 관련 정책과 감독 업무를 공직생활하며 어설프게 경험하였다고 보험경영에 적합하다는 논리는 맞지 않는다. 물론 예외적으로 공직자가 보험경영인으로 변신하여 성공한 사례가 없지는 않다. 하지만 본류는 그게 아니다. 부디 관치가 사라지고 낙하산을 타고 내려올 수 없는 풍토가 우리 사회에 하루빨리 정착되기를 바랄 뿐이다.

보험산업의 경영효율화

"생명보험회사가 대중으로부터 신뢰받는 기업으로 성장하기 위해서는 소비자 위주의 기업으로 경영되어야 한다. 1960~70년대 한국의 생보업계는 불건전한 경영으로 내적인 성장을 못하였다. 초과사업비의 과다발생과 투자수익률의 저조, 필요 이상의 사차익(死差益)[124] 발생 등으로 고객은 계약자배당 혜택이나 보험료의 할인 혜택 등을 못 받는 과중한 보험료 부담으로 피해를 보아 온 것이다. 장기

---

124 사차익이란 보험회사가 예상했던 사망률보다 실제 사망률이 낮아서 발생하는 차익을 말한다. 즉 실제로 지급하는 사망보험금이 예상보다 적을 경우 이익으로 남게 된다.

적인 관점에서 생명보험 사업이 사회의 공기(公器)로서 일익을 담당하기 위하여 업계는 경영효율 개선에 노력을 경주해야 할 것이다. 즉, 경영효율 개선을 통한 저렴한 보험료로 계약자에게 이익이 환원될 때 생명보험 발전은 순조로울 것이다."[125]

인용된 논문 저자의 지적은 보험계약자의 이익을 보호 또는 실현할 때 보험산업의 발전이 이루어질 수 있다는 주장으로서, 그러한 목적을 달성하기 위한 기본 요건은 보험회사의 경영효율화라는 것이다. 경영효율화란 최소의 경영 자원을 투입하여 최대의 경영 성과를 이끌어 내는 것을 의미한다. 생명보험회사에 있어서는 원가에 해당하는 피보험자의 사망률을 정확하게 예측하여 보험금지급을 줄이는 부분이 있을 것이며, 보험사업에 소요되는 사업비를 최소화하여 사업비 효율화를 달성하는 부분이 있다.

한편 보험계약자의 보험료를 받아서 안전하고 수익성 있는 자산에 투자하여 투자수익률을 높이는 것도 이에 해당될 것이다. 이렇게 효율화가 이루어지면 보험료를 낮추고 계약자에게 배당을 해 줄수 있는 여지도 생기는 것이다. 이것이 바로 보험소비자보호의 첫걸음이다. 이러한 주장은 40~50년이 지난 지금에도 적용되는 명백

---

125 이경룡(1979), p.98에서 발췌. 저자는 실효 해약률 개선으로 불필요한 사업비 낭비를 억제시켜 고객에게 그 이익을 반환하도록 하며, 경영관리의 효율화로 점포의 효율적 관리 등을 통한 사업비 절감책이 요구된다고 주장했다.

한 명제로서 보험회사 경영의 기본이라 할 수 있다.

소비자보호의 실천이 타 산업에 비해 뒤늦게 보험회사의 주요 경영방침으로 등장하게 되는데, 이는 보험업계의 자발적인 변화라고 보기 어렵다. 오랜 기간 정부의 산업보호정책과 밀착감독으로 이러한 여건이 조성되지 못하였다는 반론도 있을 수 있지만, 이러한 격동기에 혁신적인 비전을 갖고 변화를 주도할 경영자나 리더가 없었다는 것이 안타까운 현실이었던 것이다.

경영효율화를 위한 부단한 혁신은 모든 경영혁신에 우선된다는 사실을 염두에 두고 이루어져야 한다. 경영효율화 없는 디지털 혁신이나 소비자 보호는 기업경영의 지속가능성을 담보할 수 없기 때문이다.

제4차 산업혁명과 보험의 변신

보험산업은 제4차 산업혁명 시대에 생존의 기로, 즉 "지속성장이냐 도태냐?"의 전환점에 와 있다. 이러한 상황은 어느 산업이나 마찬가지일 것이다. 사물인터넷(IoT) 기술은 세상을 연결시키고, 바이오(Bio) 기술은 질병 예방을 가능하게 하는 반면에, 인공지능(AI) 기술은 인간을 대체하고 있는 시대가 도래한 것이다.

IoT의 연결생태계는 보험산업에 새로운 성장모델을 제시할 것이며, 보험회사는 IoT 기술을 바탕으로 소비자에게 맞는 보험상품과 서비스를 제공해 줄 것이다. 또한 보험회사는 보장성 보험에 헬스

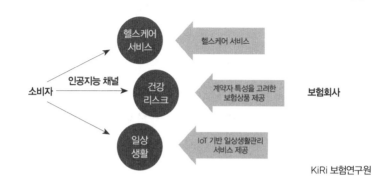

헬스케어 서비스

헬스케어 서비스

소비자 → 인공지능 채널 → 건강 리스크

계약자 특성을 고려한 보험상품 제공

보험회사

일상 생활

IoT 기반 일상생활관리 서비스 제공

KiRi 보험연구원

● 출처: 보험연구원

케어 서비스를 확대할 것이고, 헬스케어 서비스는 IoT 기술과 Bio 의료 기술의 결합을 통해 질병 치료에서 예방적 건강관리로 전환될 것이다.

인공지능은 보험회사의 주요 기능인 언더라이팅과 보험금 지급을 자동으로 처리하는 수준에 이르고 있으며, 불완전판매가 없는 판매채널로서 설계사 채널을 대체할 것으로 전망된다. 소비자들도 헬스케어 서비스, 건강 리스크, 일상생활 관리를 위한 보험상품을 인공지능 채널을 통해 구매하게 될 것이다. 이렇게 보험사업의 주요 축이 변화함에 따라 환경의 변화에 적응하기 위한 보험회사, 소비자, 감독당국의 변신과 대비가 요구된다.

디지털 전환을 통한 보험산업의 혁신

디지털 전환(Digital Transformation)[126]이란 정보통신기술을 포함한 다양한 기술과 플랫폼 구축 및 활용을 통해 기존의 전통적인 사업모형과 서비스 등을 혁신하는 것을 말하는데, 수요자 중심의 혁신이라고 할 수 있다. 디지털 전환을 주도하는 대표적인 기술로는 인공지능, 빅데이터, 클라우드 컴퓨팅, 블록체인이 있으며, 보험산업의 디지털 전환은 이러한 기술을 이용하여 단순히 효율성을 향상시키는 것이 아니라 전통적인 보험사업 모형을 혁신하는 것이라 볼 수 있다.

아직은 초보 단계이지만 상품의 설계·개발부터 계약관리 및 보험금 지급관리까지 이어지는 가치사슬 전반에 소비자 중심의 디지털 전환이 이루어지고 있다. 보험회사가 디지털 전환을 성공적으로 진행하기 위해서는 단기적인 양적 성장 전략을 버리고, 장기적인 사업모형을 수립하고 디지털 전환에 적극적이어야 한다.

보험산업의 디지털 혁신은 주체에 따라 유지지속형 혁신, 파괴형 혁신, 지원형 혁신으로 구분할 수 있다(다음 표 참조). 보험산업의 특성으로 인해 각 유형의 혁신이 균형적으로 발전하지 못하고 있어 디

---

126 디지털 전환은 전산화(digitization)나 디지털화(digitalization)와는 차별화된 개념으로 전산화는 단순히 아날로그 정보를 디지털 정보로 전환하는 것이고, 디지털화는 디지털 정보와 디지털 기술을 결합하여 사업운영을 개선하는 공급자(기업) 중심의 혁신이다[김규동·김윤진(2021)].

보험산업 디지털 전환 혁신의 분류

구분	유지지속형 혁신 (Sustaining Innovation)	파괴형 혁신 (Disruptive Innovation)	주요 사업 내용
정의	기존 소비자를 대상으로 기존 상품이나 서비스를 발전시키는 혁신	초기에는 저가 및 틈새시장을 공략하지만 이후 전체 시장을 공략하는 방식의 혁신	기존 사업자가 사업모델을 현대화하고 혁신하는데 필요한 기술을 제공하는 혁신
제조업	컴퓨터 및 TV 제조사의 신상품 개발	자동차 대량생산을 현실화한 포드(Ford)	반도체 개발회사
보험업	기존 보험사가 새로운 상품과 서비스를 통해 경쟁하고 발전	스타트업 및 신규 보험사가 틈새시장이나 소외계층을 대상으로 보험상품을 개발·판매	스타트업이 인공지능, 사물인터넷 등 관련 기술을 개발
보험 사례	– 건강증진형 보험상품 – 건강관리 서비스 – 안전운전 할인특약 – 보험금청구 간소화	– P2P보험 – 레모네이드 – 메트로마일 – 보맵 – 토스	– 로보어드바이저 – 웨어러블기기 등 신기술 개발을 통해 보험산업을 지원

● 출처: 김규동 · 김윤진(2021)

지털 전환이 더디게 진행되어 왔으나, 보험시장의 변화와 금융정책 · 규제의 변화에 따른 보험회사들의 인식의 변화가 필요하다. 빠르게 변화하는 정보통신기술 등에 발 빠르게 대처해야 미래에도 지속가능한 사업이 존재할 수 있기 때문이다.

5장

보험 교육과 학계 연구를 통한 보험의 역할 재정립

보험 교육과 연구의 필요성

그동안 보험에 대한 일반인들의 부정적 인식이 있어 왔고, 이러한 인식을 바꾸고자 하는 노력은 보험협회와 학회 등을 통하여 산발적으로 이루어져 왔다. 즉, 보험의 기능과 역할에 대한 체계적인 계몽이나 홍보는 부족했던 것으로 보인다.

'보험'은 '리스크'와 불가분의 관계로서 불확실성의 사회에 살고 있는 우리 모두에게 꼭 필요한 개념이며 기능이다. 우리 주변에 내재되어 있는 리스크로 인하여 예기치 않게 발생하는 사고로 인한 손실을 보상해 주는 보험이야말로 인류의 사회적 · 경제적 생활에 큰

공헌을 해 온 최상의 발명품 중 하나이다.

이러한 사실을 어린 시절부터 인식하고 리스크의 관리에 활용하는 방법을 교육과정 중에 배우게 된다면, 성인이 되어서도 리스크 의식을 항시 갖게 되어 안전 사회를 만드는 정예요원이 될 것이다. 나아가서는 대학 교육에서 지난 반세기 동안 경제성장에 기여를 해 온 보험의 역할에 대하여 교과과정을 통하여 체계적으로 전달하도록 하고, 이에 대한 연구와 교육이 지속되도록 해야 한다.

교육과 함께 보험의 기능과 역할에 대한 학문적인 연구가 뒷받침 되어야 한다. 체계적인 이론적 배경이 없이 보험의 역할과 보험업에 대한 객관적인 평가를 내리는 것은 위험한 일이다. 이론적인 합리성과 객관성을 기반으로 보험의 역할이 평가받아야 우리 사회에서 인정받을 수 있다. 그렇기 때문에 학계의 부단한 연구가 따라 주어야 하는 것이다.

직업인 · 보험전문인 교육

'보험인은 태어나는 것이 아니라 만들어지는 것이다.'라는 말은 교육훈련의 중요성을 보여 주는 단적인 표현이라 할 수 있다. 보험의 지속가능, 그리고 보험산업의 지속가능성장은 결국 산업의 주체인 보험인들이 어떻게 하느냐에 달려 있는 것이다. 보험인들이 보험산업의 지속가능성장에 견인차 역할을 하고, 이를 통해 국가경제의 지속가능발전에 기여하는 구조하에서 어떻게 보험인들을 교육할 것인가에 대한 고민이 근본적으로 필요한 시점이다.

비슷한 표현으로 '보험은 구매되는 것이 아니라 판매되는 것이다.'라는 말도 자주 사용되고 있다. 보험은 무형적 상품으로서 사망이나 사고 등 불행한 사건을 대상으로 하기에 자발적인 수요가 적을 수밖에 없으며, 한편으로는 기술적 상품이어서 소비자들이 이해하기가 어렵기에 불신의 여지가 존재한다. 그만큼 보험의 판매가 어렵다는 것을 표현한 것이다. 이러한 상품적인 특성을 잘 파악하고 소비자들에게 설명할 수 있는 전문성이 판매를 담당하는 인력에게 요구된다.

혹시라도 판매인으로부터 불충분한 설명을 듣거나 원하지 않는 정보를 제공하여 잘못된 구매 결정을 하게 될 경우에는 불완전판매가 발생하게 되어 소비자에게 피해가 발생하고 보험에 대한 사회적 불신이 생길 수 있다. 그렇기 때문에 보험인들에게 상품 설계에 대한 전문성과 높은 수준의 도덕성이 요구되는 것이다.

이러한 보험인들에 대한 자질은 타고난 것이 아니고 교육과 훈련을 통해서 이루어진다. 지난 1960년대부터 본격적인 성장과 발전이 시작된 보험업계에 30~40년간 몸담았던 원로 보험인들을 통해 들은 회고[127]를 보면 보험산업과 함께하면서 보험인으로서 자부심을

---

127 한국보험학회(2014), pp.399-429

보험 속의 경제학

갖게 된 것을 알 수 있다. 이들은 긴 세월 동안 보험업계에 일하면서 이러한 보험의 사회적 가치와 순기능을 절실히 깨닫게 되었고, 이를 통해 자긍심을 갖게 된 것이다.

보험업계의 일반 직원들에 대한 교육은 통상적으로 입사 후 회사 내부에서의 현장교육으로 이루어지고 있으며, 외부 위탁교육이 보험연수원 등을 통하여 이루어지고 있다. '만들어지는 보험인'이 되도록 보험업계는 사원이 입사할 때부터 중간관리자와 경영자가 되는 과정을 통하여 보험인으로서 갖춰야 할 소양과 지식과 경험을 균형 있게 설계하여 나가는 것이 필요하다. 이것이 보험의 지속가능 성장의 밑거름이며 궁극적으로 국가경제의 지속 발전을 위한 초석이 될 것이다.

반면에 보험모집종사자와 보험전문인의 경우 교육의 내용과 수준은 차별적이어야 할 것이다. 현행 보험설계사의 경우에 회사별로 약간의 차이가 있겠지만 일반적으로 보험상품과 법령에 관한 교육이 등록교육과 보수교육을 통하여 이루어지며, 윤리교육은 집합교육과 온라인교육으로 이루어지고 있다. 보험대리점과 보험중개사의 경우도 보험설계사와 대동소이하다.

대표적인 보험전문인의 등용문인 국가공인 보험계리사의 경우, 자격시험을 통해 보험계리사가 된 이후에 계속적인 연수(보수교육)를 받아야 한다. 이는 전문지식의 함양, 직업윤리의 함양, 신기법의 습득 등 전문가로서 업무 수행에 필요한 교육과 사회적 요구에 부응하는 교육을 통하여 연수의 목표를 달성하기 위함이다. 이에 따른 연수의 분야는 계리 이론 및 실무, 경영이론, 관련 법령 및 규정, 직업윤리 등이 포함된다. 이처럼 보험계리사의 자격을 유지하는 데에는 전문 지식뿐 아니라 업무에 걸맞은 직업윤리 또한 필수적인 요소이며, 연간 30학점 이상을 이수하도록 의무화하고 있다.[128]

손해사정사의 경우도 보험계리사와 유사한 국가공인 시험제도와 보수교육을 실시하고 있다. 물론 이러한 교육훈련이 과연 사회가 요구하는 수준의 전문성과 윤리성을 겸비한 '진정한' 보험인으로 육성하는 데 충분할지에 대한 지속적인 검토가 필요하다.

보험소비자 교육은 공교육에서

우리나라의 소비자를 위한 금융정책은 지급능력제도, 예금보험제도 등 사후적인 제도에만 국한시키려는 경향이 있는데, 이래서는 안 된다. 보다 근본적이고 사전적인 대책인 금융교육이 선진국처럼 강조되어야 한다. 소비자들에 대한 금융교육은 체계적으로 실시하는 데에 초점이 맞추어져야 한다. 또한 금융교육은 생애적인 교육 프로그램으로 구성되어 운영되어야 한다.

이를 위해서는 보험을 포함한 금융교육과정의 개발, 교육교재 개

---

128 한국보험계리사회 홈페이지 참조

보험 속의 경제학

발 및 보급, 교원의 양성, 전문교육기관 등이 필요하며, 더 나아가 미국의 예처럼 청소년금융교육법[129]을 제정하는 것도 고려할 필요가 있다. 그러나 우리나라 교육의 제도적인 한계, 즉 공교육보다는 사교육이 강조되고 대학 진학 중심의 교육 인식하에서 이와 같은 경제금융교육을 강화하는 것이 가능할 것인가는 고려해야 할 부분이다.

앞에서 제기된 보험업 종사자를 대상으로 한 보험 교육뿐 아니라 소비자를 대상으로 한 교육도 함께 이루어져야 보험산업의 지속가능이 우리 사회에 정착할 수 있는 기반이 마련된다. 소비자 교육의 방향은 보험의 역할과 기능에 대한 인식을 초등학교 시절부터 가질 수 있도록 공교육의 교과과정에 포함시키는 방법이 있다. 초중고 학생들은 잠재소비자로서 성인이 되었을 때 학교에서 배웠던 보험에 대한 인식에 기반하여 보험 구매를 하게 되기 때문에, 보험의 기능에 대한 올바른 인식을 통하여 합리적인 소비를 할 수 있게 된다.

보험산업의 지속가능은 보험회사의 일방적인 경영 방식만으로는 사회적인 공감대의 확산이 제한적일 수밖에 없고, 소비자 측면에서도 이러한 인식의 변화를 가져와야 지속가능이 정착될 수 있다고 본다. 여기에 소비자 교육의 중요성이 존재하는 것이다.

---

[129] 학교교육 중심의 경제 및 금융교육을 강화하기 위하여 2001년 동법(Youth Financial Education Act)을 제정했다.

공교육의 역할

우리나라에서 일반적으로 의무교육이 이루어지는 초·중학교 교육을 공교육이라고 하는데, 최근에는 고등학교까지 단계적으로 의무교육이 확대되고 있는 상황이다. 보험의 역할과 기능에 대한 인식을 초등학교 시절부터 가질 수 있도록 공교육에 교과과정화하는 방법이 있다. 이는 소비자들로 하여금 보험의 기능에 대한 올바른 인식을 통하여 보험산업의 지속가능성장에 동참하게 하는 것이다.

보험을 포함한 금융교육은 유치원에서부터 고등학교를 졸업할 때까지의 기간에 걸쳐 합리적인 금융소비자로서 성장할 수 있도록 교육적 접근이 필요하다. 우리나라 초·중·고등학생들이 경제금융지식을 습득하는 방법을 보면 학교에서 경제금융지식을 습득하는 것은 9.8%에 불과한 반면, 가족을 통해서가 23.3%, 그리고 TV·인터넷 등 미디어를 통해서가 61.1%로 나타나 학교에서 경제금융교육의 필요성을 보여 주고 있다(다음 도표 참조).

자본주의 사회가 발전하는 과정에서 경제와 금융에 대한 교육 수요가 늘어나는 것은 시대적 흐름인데, 대다수의 학생들은 이를 공교육이 아닌 일부 미디어를 통해서만 접하고 있다는 문제점을 안고 있다. 한편 청소년들이 학교에서 배우는 경제 과목은 실생활에서 필요한 경제 응용력을 기르는 것과는 거리가 있으며, 학생들의 경제의식 함양을 위해 기존의 교과서 위주의 이론적 수업 방식에서 체험활동 중심의 생활경제교육으로의 교수·학습 방법의 변화가 필요하다.

보험 속의 경제학

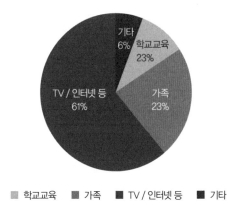

● 출처: 김정호(2010), 임상호(2015)

  금융감독원과 한국교육과정평가원은 2010년에 처음으로 만들었던 '초·중·고 금융교육 표준안'을 2020년 개정했다. 개정 표준안에 의하면 총 5개 장에 '저축과 투자', '신용과 부채관리' 등과 함께 '보험과 은퇴설계'가 독립된 장으로 포함되어 교육 내용과 구성에 있어서 균형 있게 설계되었다.

  표준안은 상당한 금융지식과 투자 판단 능력을 초·중·고교 때 학교에서 갖추도록 제시하고 있지만, 자유학기제나 창의적 체험활동 등에서 활용될 뿐 정규 교과에서의 활용은 미미하다. 초등·중학교에선 사회나 기술·가정의 일부 단원으로 경제와 금융에 대해

가르칠 뿐이며, 일반고에서는 공통과목 '통합사회' 외에 일반 선택 과목 '경제'와 진로 선택과목 '경제수학'이 있을 뿐이다.[130]

이에 반해 영국, 미국, 캐나다 등 서구 국가들은 경제·금융 능력을 학교에서 개발해야 하는 기본 소양으로 보고 교육과정에 의무화하고 있다. 일본은 '금전교육'이라는 이름으로 경제학 이론이 아닌 실생활에서 필요한 역량을 가르치고 있다.

학교 금융교육의 필요성에 대해서 교사들과 학부모들은 90%가 넘는 높은 인식을 보여 주었다.[131] 우리나라의 유치원생부터 대학생에 이르기까지의 학생 수는 1,200만 명이며, 이들이 장래 한국의 경제를 이끌어 갈 주체가 될 것이므로 중요성은 매우 크다. 학생들에 대한 금융교육은 가정과 학교에서 상호보완적으로 병행되어야하며, 이를 통해 금융 소외 현상을 축소시킬 수 있다.

대학 교육

대학에서의 보험 교육은 학계가 중심이 되어 교과과정 등의 계획을 세우고 지속적으로 이루어져야 한다. 학계의 활동은 학회를 중심으로 이루어지고 있기에 보험 교육의 장(場)은 보험학회와 리스크관리학회 등을 통하여 논의되고 중장기적인 청사진을 그려 내야 한다.

---

130 한겨레(2021.08.07)

131 김정호(2010)

대학 교육의 종착점은 졸업 후의 사회 진출, 즉 직업인이 되는 것이기에 상당수의 학생들이 보험 교육을 마치고 보험업계에 진출하게 된다는 것을 염두에 두어야 한다. 그러므로 대학의 보험 교육에 보험업계의 니즈와 기대가 반영될 수 있도록 학회의 보험교육위원회에 업계 위원을 포함하는 것이 필요하다.

대학 보험 교육의 첫 단계는 교과과정의 수립에 있다. 대학의 교육은 초중고의 의무교육에서 벗어나 성인으로서 맞이하는 교육의 시기인 만큼, 나름 교육의 수준도 높고 전문성도 있게 되는 단계이다. 그러므로 초중고 시절 보험에 대한 기초 개념을 익힌 상태에서 대학 교육을 시작하게 되면 좀 더 전문화되고 목표지향적인 차원에서 교육이 이루어져야 할 것이다. 그렇기 때문에 교과과정이 중요해지는 것이다.

교과과정은 대학마다 서로 다르게 분류하지만 교양과목과 전공과목으로 대략 나눌 수 있고, 전공과목은 전공기초, 전공필수, 전공선택으로 분류할 수 있다. 가장 바람직한 방향은 보험 또는 리스크관리(또는 위험관리) 등의 이름으로 교양필수과목에 포함시키는 것이다. 그렇게 된다면 모든 대학생들이 리스크에 대한 경각심과 보험의 순기능에 대한 이해도가 향상될 것으로 예상된다. 이는 대학생활 후에 바로 연결되는 사회생활 중에 예기치 않게 찾아오는 각종 리스크로 인한 재해와 손실로부터 가정과 직장을 지켜 주는 보험 가입으로 이어질 것이다.

차선책으로는 경영, 경제, 또는 금융 분야를 전공하는 교과과정에 '리스크관리'라는 기능적인 과목을 필수과목으로 지정하는 것이다. 과목 내용에는 리스크관리의 주요 수단으로서 보험과 관련된 내용이 상당 부분 차지할 것이다. 이 접근 방식은 일단 보험이라는 경제적 사회제도에 근접한 전공 분야 학생들에게 수강하도록 하고, 이들의 주변 사람들과 직장에 확산토록 하자는 것이다.

차차선책이라면 교양이나 전공 분야의 필수과목이 아닌 선택과목으로 지정하는 것이다. 이 접근법은 필수과목 지정보다는 파급효과가 적지만, 보험·리스크관리 과목을 담당하는 보험전공 교수진에게 상당한 책임감을 부여하게 된다.

대학의 보험 교육은 개념 탐색에서 나아가 실질적인 가정생활이나 기업경영의 수요에 적합한 보험의 종류와 리스크관리에 대하여 기본 원리와 가이드를 제공해 주는 역할을 해야 할 것이다. 반면에 초중고에서 배운 적이 없는 대학생을 위해서는 기본적인 개념과 원리를 이해하도록 돕는 개론 또는 원론 과목이 필요하다. 대학의 보험 교육에 공백을 남기지 않으려면 가급적 국내의 모든 대학에 이러한 개론 과목이 개설되도록 보험학계와 보험업계 차원의 협력과 노력이 필요하다.

학계의 연구

제2부에 국가경제의 성장과 발전에 기여한 보험의 역할에 대하여

지난 20여 년간 수행된 국내외 여러 연구 사례들이 소개되었다. 이러한 보험의 순기능에 대한 학계의 연구와 노력 덕분에 보험의 미래를 위한 지속가능을 기대할 수 있게 된 것이라 생각한다.

국내외 학계에서 이러한 역할을 해 온 연구들이 상당수 존재한다. 보험과 소득의 관계를 분석한 연구에서는 소득 수준의 증가가 보험료 지출을 증대시키는 주요 요인임을 규명했으며,[132] 경제성장과 보험업 간의 인과관계를 분석한 연구에서는 보험업의 발전이 경제성장을 유발하거나 경제성장이 보험업의 성장을 견인하는 등 그 방향성이 국가마다 다소 다르게 나타났다.[133]

보험이 경제성장에 끼친 기여를 분석한 결과, 보험의 존재와 활용이 위험에 대한 사회적 비용 지출을 감소시키는 역할이 있으며, 생명보험의 경우 물가 안정에 기여하는 경제 안정 효과를 보여 주고 있다는 주장도 있다.[134] 나아가서는 보험업이 물가를 안정시키고 실업률을 떨어뜨리는 것으로 분석되어 경제 안정에 기여함을 뒷받침하는 연구 결과도 있다.[135]

학계는 그동안에 발간된 논문이나 보고서 외에도 세미나 등의 학

---

132 예를 들면, 박은회(1987, 1991), Outreville(1990), 정홍주·김억헌(1993), 이기환(1997)
133 Ward and Zurbruegg(2000), 남상욱(2006)
134 玉田 巧(1985), 小勝 康夫(1993)
135 남상욱(2006)

● 출처: 한국보험신문

술활동을 통해서 보험의 역할을 공고히 하는 일에 기여할 수 있다. 보험이라는 제도와 보험업을 영위하는 보험산업, 그리고 소비자와 생산자 및 중개업자들이 활동하는 보험시장은 보험학자들에게 연구 대상으로서 특정한 공간을 제공해 주고 있다. '보험제도의 선진화' 로부터 '보험산업의 제판분리', '보험소비자의 권익보호' 등 다양한 연구 주제가 학자들의 연구를 기다리고 있다.

특정한 연구 분야 또는 공간이 존재한다는 것은 이 분야에 관심 있는 학자들에게는 더할 나위 없이 좋은 연구 환경이라 할 수 있다. 특정산업을 대상으로 상품 개발과 마케팅 전략, 그리고 회계제도와 투자 전략 등 기업경영의 모든 기능적인 분야에 대하여 연구할 수 있는 여건이 마련되어 있다는 것은 연구자들에게는 큰 혜택인 것이다. 이런 관점에서 소비자와 산업에서는 보험 관련 연구를 하는 학자 · 연구자들에게 기대를 할 것이다.

고대 시대부터 진화되어 오늘에 이르고 있으며 인류 역사상 가장 위대한 발명품 중 하나로[136] 평가되고 있는 보험은 미래를 향한 지속적인 연구를 통하여 발전되어야 한다. 이 과업은 보험 관련 학계의 미션이며 학계와 보험업이 함께 공생(共生)하는 길이다.

---

136 인간의 가장 위대한 발명품은 종이, 화약 그리고 나침반이라고 한다. 이들은 근대 과학 혁명을 이끈 핵심 발명품이었다. 피터 번스타인은 그의 1998년 저서 『신을 거역한 사람들(Against the Gods)』에서 이것보다 더 위대한 발명품은 보험이라고 주장했다. 보험이 인류역사 발전에 기여한 것이 더 크다는 이유에서다.

참고 문헌

1부

- 김석영 외(2018). 보험상품 변천과 개발 방향, 연구보고서 2018-5, 보험연구원.
- 김종원(2013). 한국 보험산업의 발전사적 고찰, 경영사학 28(2), 79-102.
- 류근옥(2014). 보험경영의 어제와 오늘 - 제10장 서울보증보험㈜의 위기극복과 리스크관리 선진화 사례연구, 한국보험학회.
- 박소정·박지윤(2017). 인슈어테크 혁명: 현황 점검 및 과제 고찰, 연구보고서 2017-11, 보험연구원.
- 방갑수·구하서·박은회(1965). 한국경제발전을 위한 보험회사의 역할, 보험학회지 2권: 6-76.
- 변혜원(2020). 보험산업 진단과 과제(Ⅲ)-소비자 중심 경영, CEO Report 2020-08, 보험연구원.
- 생명보험협회(2010). 「생명보험협회 60년사(1950~2010)」.
- 손경식(1986). 개방시대의 손해보험경영, 보험학회지 28권: 3-13.
- 손해보험협회(2006). 「손해보험협회 60년사」.
- 이석호(2009). 금융위기 이후 보험산업에 대한 평가와 과제, 금융 포커스 18권 43호(2009.10.31~11.6).

- 최원·김세중(2014). 보험시장 자유화에 따른 보험산업 환경변화, 조사자료집 2014-1, 보험연구원.
- 한국개발연구원(1998). 경제위기 극복과 구조조정을 위한 종합대책.
- 한국개발연구원(2010). 글로벌 금융위기의 원인 및 진행과정, 경제정보센터(2010.01.07.).
- 한국보험학회(2014). 보험경영의 어제와 오늘, 문영사.
- Stigler, G. (1971). The Theory of Economic Regulation, The Bell Journal of Economics and Management Science 2(1): 3-21.

2부

- 강삼모·김영환(2012). 기대접근법을 이용한 보험서비스 추계방법 연구, Quarterly National Accounts Review 2012(3): 32-60.
- 고용노동부·근로복지공단(2012). 2011 경제발전경험모듈화사업: 산재보험제도의 구축과 운영.
- 김영숙·문성웅·이상이(2007). 건강보험과 경제성장, 『건강보험포럼』 2007년 겨울호: 27-39.
- 남상욱(2006). 보험업과 경제성장간의 인과관계, 보험학회지 제74집: 169-197.
- 박종필(2017). 사회보장체계 내 산재보험의 역할에 대한 평가 및 개선방안 연구, 2017학년도 정책연구보고서, 국방대학원.
- 송윤아(2010). 산재보험의 운영체계에 대한 연구: II. 우리나라 산재보험제도의 실태, 조사보고서 2010-5, 보험연구원.
- 이규복·하준경(2012). 한국의 경제성장과 금융의 역할, 산업혁신연구 (제28권 2호): 1-34.

- 이현복·정홍주·오태형(2009). 기업성 보험의 성장과 산업발전의 인과 관계에 관한 실증연구, 리스크관리연구 제20권 제2호: 129-158.
- 전상준(2007). "금융발전과 경제성장의 관계,"『경제발전연구』13(1): 113-152.
- 정분도·윤봉주(2011). 국제금융위기의 무역보험에 관한 역할에 관한 연구, 산업경제연구 24(6): 4107-4126.
- 한국무역보험공사(www.ksure.or.kr).
- Adams, M., J. Andersson, L-F Andersson, and M. Lindmark (2009). Commercial banking, insurance and economic growth in Sweden between 1830 and 1998, Accounting, Business & Financial History 19(1): 21-38.
- Arena, M. (2008). Does insurance market activity promote economic growth? A cross-country study for industrialized and developing countries, Journal of Risk and Insurance 75(4): 921-946.
- Avram, K., Y. N. Nguyen, and M. Skully (2010). Insurance and Economic Growth: A Cross Country Examination, SSRN Electronic Journal, DOI:10.2139/ssrn.1646757.
- Azman-Saini, W.N.W. and P. Smith (2011). Finance and Growth: New Evidence on the Role of Insurance, South African Journal of Economics 79(2): 111-127.
- Bagehot, W. (1873). Lombard Street: A Description of the Money Market. Henry S. King & Company.
- Catalan, M., G. Impavido, and A. R. Musalem (2000).

Contractual Savings or Stock Market Development-Which Leads? Policy Research Working Paper: No. 2421, World Bank, Washington, DC.

- Ching, K. S., M. Kogid, and F. Furuoka (2010). Causal relation between life insurance funds and economic growth: evidence from Malaysia. ASEAN Economic Bulletin 27(2): 185-199.

- Din, S., A. Balkar, and A. Regupathi (2017). Does Insurance Promote Economic Growth: A Comparative Study of Developed and Emerging/Developing Countries, Cogent Economics & Finance 5: 1-12.

- Doeksen, G. A., et al. (1999). "Relationship of health care to economic development", paper presented at the 1999 NACo Conference at Concord, California.

- Haiss, P. R. and K. Sümegi (2008). The Relationship of Insurance and Economic Growth - A Theoretical and Empirical Analysis, Emprica, Journal of Applied Economics and Economic Policy 35(4): 405-431.

- Hatemi-J, A., Chi-Chuan Lee, Chien-Chiang Lee, and R. Gupta (2018). Insurance Activity and Economic Performance: Fresh Evidence from Asymmetric Panel Causality Tests, International Finance 22(2): 221-240.

- Hicks, J. (1969). A Theory of Economic History. Clarendon Press, Oxford.

- Impavido, G., A. Musalem, and T. Tressel (2003). The Impact of Contractual Savings Institutions on Securities Markets, World Bank Policy Research Working Paper No. 2948, World Bank.

- Kessler, D., A. Montchalin, and C. Thimann (2016). Insurance and Economic Deveopment: Growth, Stabilization and Distribution, Impact Insurance Paper No. 46, International Labor Organization.

- Kugler, M and R. Ofoghi (2005). Does Insurance Promote Economic Growth? Evidence from the UK, Money Macro and Finance (MMF) Research Group Conference 2005.

- Lee, C. C. (2011). Does Insurance Matter for Growth: Empirical Evidence from OECD Countries, The B.E. Journal of Macroeconomics 11(1): 1−26.

- Lee, C. C., Lee, C. C., & Chiu, Y. B. (2013). The link between life insurance activities and economic growth: Some new evidence, Journal of International Money and Finance 32, 405−427.

- Lucas, R. E., Jr. (1988). On the Mechanics of Economic Development, Journal of Monetary Economics 22: 3−42.

- McKinnon, R. I. (1973). Money and Capital in Economic Development, Brookings Institution, Washington, D.C.

- Outreville, J. F. (2013). The relationship between insurance and economic development: 85 empirical papers for a review of the literature, Risk Management and Insurance Review 16(1), 71−122.

보험 속의 경제학

- Pradhan, R., M. Arvin, M. Nair, J. Hall, and A. Gupta (2017). Is There a Link Between Economic Growth and Insurance and Banking Sector Activities in the G−20 Countries? Review of Financial Economics 33(1): 12−28.

- Robinson, J. (1952). The Generalization of the General theory. In The Rate of Interest and Other Essays, London: Macmillan.

- Schumpeter, J. A. (1912). The Theory of Economic Development: An Inquiry into Profits, Capital, Credit, Interest, and the Business Cycle. Transaction Publishers.

- Shaw, E. S. (1973). Financial Deepening in Economic Development, Oxford University Press, New York.

- Tong, H. (2008). An Investigation of the Insurance Sector's Contribution to Economic Growth, Ph.D. Dissertation, The University of Nebraska−Lincoln.

- Ward, D. and R. Zurbruegg (2000). Does Insurance Promote Economic Growth? Evidence from OECD Countries, Journal of Risk and Insurance 67(4): 489−506.

- Webb, I., M. F. Grace, and H. D. Skipper, (2002). The Effect of Banking and Insurance on the Growth of Capital and Output, Center for Risk Management and Insurance, Working Paper 02−1, Robinson College of Business, Georgia State University.

- Wurgler, J. (2000). Financial Markets and the Allocation of Capital, Journal of Financial Economics 58(1−2): 187−214.

3부

- 강정화(2020). 소비자 보호, 지속가능한 보험의 요소, 월간 생명보험 vol. 498(2020. 08): 4-8, 생명보험협회.
- 금융위원회(2021). 2021년 보험산업 금융위 업무계획, 2021.03.02.
- 김규동·김윤진(2021). 보험산업의 디지털 전환 현황과 과제, KITI 리포트 포커스(2021.02.15), 보험연구원.
- 김정호(2010). '초·중·고등학교 금융교육 표준안'의 내용 체계, 『학교 경제교육의 실태와 향후 과제』, 한국경제학회·한국경제교육학회·한국개발연구원 공동세미나, 2010.11.4.
- 김판석·사득환(1999). '지속가능한 발전'에 대한 이해와 개념정립, 한국정치학회보 제32집 제4호: 71-88.
- 박종민·김지성·왕재선(2016). 정부역할에 대한 시민의 기대: 한국, 일본 및 대만 비교, 행정논총 54(2): 61-92.
- 신진영(2021). 생명보험회사의 ESG 경영과 투자, 월간 생명보험 505권 (2021.03): 4-8.
- 안소영(2021). ESG 경영과 보험회사의 보험 인수 전략, KIRI 리포트 글로벌 이슈(2021.04.12), 보험연구원.
- 이경룡(1979). 논총: 한국생명보험산업 발전과정에 관한 소고-60년대 이후를 중심으로, 보험학회지, 15권: 57-123.
- 이승준(2021). 보험회사 ESG 경영 확대의 필요성, KIRI 리포트 이슈 분석(2021.02.15), 보험연구원.
- 임상호(2015). 융복합시대 청소년기의 다양한 경제 경험이 경제관 형성에 미치는 영향, Journal of Digital Convergence 13(11): 509-515.
- 최영목·최원(2009). 생명보험회사의 지속가능성장에 관한 연구, 경영보고서 2009-4, 보험연구원.

- 한국기업지배구조원 분석1팀, ESG와 기업의 장기적 성장. ESG Focus (2020.2.19). 한국기업지배구조원.
- 한국보험계리사회 홈페이지(www.actuary.or.kr).
- 한국소비자원(2019). 2019 한국의 소비생활지표 조사.
- Eells, R. and C. Walton (1961). Conceptual Foundations of Business, Homewood: Richard D. Irwin.
- Stiglitz, J. (1996). The Role of Government in Economic Development, Annual World Bank Conference on Development Economics 1996, Washington DC: World Bank.
- World Bank (1997). World Development Report 1997: The State in a Changing World. New York: Oxford University Press.